जीतिए आप जीत सकते हैं

क्रिकेट माफिया को दें शह... और मात

अतुल कुमार

डायमंड बुक्स

www.diamondbook.in

प्रकाशक : डायमंड पॉकेट बुक्स (प्रा.) लि.
X-30, ओखला इंडस्ट्रियल एरिया, फेज-II
नई दिल्ली-110020
फोन : 011-40712200
ई-मेल : sales@dpb.in
वेबसाइट : www.diamondbook.in
संस्करण : 2022

Jitiye, Aap Jeet Sakte Hain : Cricket Maphiya Ko Den Sheh... Aur Maat
By: Atul Kumar

लेखक परिचय

अतुल कुमार एक इंजीनियर हैं और रेलवे में श्रेणी एक के अधिकारी रहे हैं। कार्यरत रहते हुए उनहोंने रेलवे खरीदारी में प्रति वर्ष तकरीबन 5000 करोड़ रूपये के रसाव को उजागर किया था। इसके लिए उन्हें वर्ष 2011 में राष्ट्रीय स्तर पर क्रूसेड अगेंस्ट करप्शन (crusade against corruption) के लिए S R Jindal पुरस्कार से सम्मानित किया गया। बाद में मेट्रोमैन ई श्रीधरन (E.Sreedharan) ने भी इस रसाव की पुष्टि की। सेवानिवृति से पहले लेखक ने रेलवे को उस रसाव को रोकने के तरीके भी सुझाये थे। अतुल कुमार एक पुरस्कृत कवि भी हैं और उनकी कई काव्य पुस्तकें प्रकाशित हो चुकी हैं।

लगभग एक दशक पूर्व स्वैच्छिक सेवानिवृति के बाद लेखक ने क्रिकेट में चल रही संस्थागत गेंद दर गेंद फिक्सिंग को पुस्तकों और प्रेस कांफ्रेंसों आदि के माध्यम से उजागर किया और दुनिया को इसके विशाल निहितार्थ भी बताये। 2013 में उन्होंने इस फिक्सिंग को गणितीय प्रमाण द्वारा भी सिद्ध किया। उसके बाद हुए कई खुलासों से भी उनके द्वारा कही गयी हर बात की पुष्टि हुई है। 2017 में इस धोखाधड़ी को रोकने के लिए उन्होंने सर्वोच्च न्यायालय का दरवाजा भी खटखटाया। पिछले एक दशक में इस विषय पर हिंदी और अंग्रेजी में उनकी कई पुस्तकें प्रकाशित हुई हैं, जिनमें इस महाकाय धोखाधड़ी का पूरे दस्तावेजीकरण के साथ विस्तार से खुलासा किया गया है। कुछ राष्ट्रीय मीडिया संस्थानों ने भी समय समय पर लेखक के योगदान को अपना समर्थन दिया है।

हाल ही में अतुल कुमार ने कोविड के द्वारा हुए नरसंहार पर भी अंग्रेजी और हिंदी में पुस्तक लिखी है। तत्पश्चात इस विषय पर उनके निष्कर्ष की भी लगातार पुष्टि होती चली आ रही है।

प्रस्तावना

मुझे कुछ महीने पहले एक दोस्त से पता चला कि किसी ने क्रिकेट सट्टेबाजी में लगभग 100 करोड़ रुपये (1 अरब रुपये या 10 मिलियन डॉलर से अधिक) का नुकसान किया था और वह लगभग दिवालिया हो गया था। इससे मेरे मन में इस पुस्तक को लिखने का विचार दृढ़ हुआ। इस पुस्तक की प्रासंगिकता इस समाचार के माध्यम से और अधिक मजबूत होती है जो इसे लिखने के अंतिम चरणों के दौरान सामने आया: https://www.newindianexpress.com/nation/2022/may/24/in-mp-postmaster-held-for-embezzling-small-savings-investors39-money-spending-it-on-ipl-betting-2457411.html। इस बारे में इससे पहले के कुछ समाचार भी प्रासंगिक होंगे: https://thewire.in/sport/ipl-betting-suicide-cricket, https://timesofindia.indiatimes.com/city/vijayawada/cricket-betting-addiction-claims-9-in-11-months-across-andhra-pradesh/articleshow/87352340.cms, https://www.thehansindia.com/news/cities/vijayawada/andhra-pradesh-young-man-ends-life-over-debts-incurred-due-to-cricket-betting-on-vijayawada-714323, https://www.newindianexpress.com/cities/hyderabad/2022/apr/24/cricket-betting-drives-youth-to-suicide-2445805.html।

यह समाचार ऑनलाइन रमी के बारे में है, लेकिन हूबहू ऐसा क्रिकेट पे सट्टा लगाने वालों के साथ होता है: https://m.dailyhunt.in/news/india/english/timesnownews+english-epaper-tnneng/chennai+woman+dies+by+suicide+after+losing+money+in+online+gambling-newsid-n393395194?s=a&uu=0x13131e629fd46ef5&ss=pd। अब ये दो समाचार और देखिये, इनमें से आखिरी तो बहुत ही भयावह है कि माफिया क्रिकेट पे सट्टे से जो खरबों डॉलर कमाता है, उसके लिए आम आदमी क्या क्या भुगतान करता है: https://m.dailyhunt.in/news/india/english/the+indian+expressepaper-indexp/teenager+gambles+away+rs+36+lakh+received+by+family+after+fathers+death-newsid-n393736968?s=a&uu=0x13131e629fd46ef5&ss=pd। और https://m.dailyhunt.in/news/india/english/latestly-epaper-lateng/karnataka+shocker+man+kills+12yearold+son+dumps+body+in+water+tank+over+ipl+betting+addiction+in+kolar-newsid-n399971300?s=a&uu=0x13131e629fd46ef5&ss=pd। यह समझना चाहिए कि ये समाचार हिमपर्वत का सिर्फ एक कोना दिखाते हैं, या वह भी नहीं; चूंकि क्रिकेट सट्टेबाजी के कारण अधिकांश कष्ट और विपत्तियां विभिन्न कारणों से रिपोर्ट ही नहीं किए जाते हैं या रिपोर्ट नहीं होते हैं।

यह पुस्तक विशेष रूप से दुनिया भर के लाखों क्रिकेट सट्टेबाजों के लिए लिखी गई है। जहां लोग चौबीसों घंटे दुनिया भर में खेले और प्रसारित किए जा रहे क्रिकेट मैचों के रोमांच का आनंद लेते हैं, वहीं कई लोग इन मैचों पर दांव लगाकर उस रोमांच को और भी बढ़ाते हैं। उन्हें जल्दी से आसान पैसा कमाने का अवसर भी दिखाई देता है। लेकिन ज्यादातर वे एक जाल में फँस के अपनी कीमती संपत्ति को खो देते हैं। यह किसी संयोग से नहीं होता है। इसके कारण हैं – इसके पीछे एक पूरा विज्ञान काम करता है। फिर भी कई कारणों से लोग सट्टा लगाते रहते हैं और पैसे गंवाते रहते हैं। वह सब हम इस पुस्तक में विस्तार से देखेंगे। किसी के लिए भी सबसे अच्छा दांव सट्टेबाजी से दूर रहना होगा। लेकिन दुनिया में दसियों करोड़ों लोग दांव लगाना जारी रखते हैं, सट्टेबाजी के रोमांच का आनंद ले रहे हैं या फंतासी खेल खेल रहे हैं; हर गुजरते दिन इस क्लब में अधिक से अधिक लोग जोड़े जा रहे हैं। **यह कुछ रुकने वाला नहीं है, तेजी से बढ़ रहा है और बढ़ता ही जाएगा, क्योंकि जो हो रहा है, दुनिया चलाने वाली ताकतों की मदद से ही हो रहा है।**

इस पुस्तक को पढ़ने से उन करोड़ों लोगों को पर्याप्त अंतर्दृष्टि और ज्ञान मिलेगा जिससे वे हारना बंद कर सकते हैं, उन्हें जिनको सट्टेबाजी के रोमांच का आनंद लेने के लिए या अन्यथा दांव लगाना ही है। वे लगातार अपने लिए बिछाए गए जाल में गिरने से बच सकेंगे। उनके लिए जीतना और अधिकतर जीतना भी संभव होगा यदि वे इस पुस्तक से सीखे गए ज्ञान का व्यावहारिक उपयोग करके बुद्धिमानी से दांव लगा सकें।

क्रिकेट में सट्टेबाजी एक मैच में कई आयोजनों के लिए होती है जैसे: गेंदबाजों के आंकड़े/प्रदर्शन, बल्लेबाजों के स्कोर/प्रदर्शन, विकेटों का गिरना,

चौकों/छक्कों की संख्या, 50 या शतक, एक गेंद/एक ओवर से बनाए गए रन आदि। संक्षेप में, प्रत्येक गेंद का परिणाम किसी न किसी दांव का नतीजा तय कर सकता है और करता है। इन्हें फैंसी दांव कहा जाता है। एक सट्टेबाजी साइट या किसी अन्य पर, लगभग किसी भी चीज के लिए, जिसके बारे में कोई सोच सकता है, एक फैंसी शर्त (बेट) उपलब्ध होगी।

बेट एक पारी में बनाए गए रनों पर भी लगाई जाती है, कई ओवरों में संयुक्त या कई ओवरों के ब्रैकेट में (प्रत्येक पांच या दस ओवर या इसी तरह)। इसे सत्र सट्टेबाजी या ब्रैकेट सट्टेबाजी के रूप में जाना जाता है। सट्टेबाजी में सबसे अधिक लिप्तता, निश्चित रूप से, एक मैच के परिणाम पर होती है, यानी दोनों में से कौन सी टीम जीतेगी; और सट्टेबाजी का यही रूप अधिकतर लोग जानते है।

आईपीएल, बीबीएल जैसे टूर्नामेंट में टूर्नामेंट के विजेता पर भी सट्टा लगता है। द्विपक्षीय या अन्य श्रृंखलाओं, विशेष रूप से एशेज (ashes) जैसी, में भी श्रृंखला विजेता पर भी दांव लगाया जाता है। लेकिन मैच विजेता के अलावा सट्टेबाजी में अन्य सबसे अधिक लिप्तता सत्र (सेशन) सट्टेबाजी में होती है। कभी-कभी मैच में सेशन बेटिंग की मात्रा मैच के परिणाम पर बेटिंग से अधिक भी हो सकती है। कहने की जरूरत नहीं है, प्रत्येक गेंद का परिणाम उन सभी दावों के अंतिम परिणाम को प्रभावित करता है जो उस गेंद से पहले लगाए गए थे, और इसलिए बाद के दावों के लिए ऑड्स प्रत्येक गेंद के बाद रीसेट हो जाते हैं (बदल जाते हैं या नहीं भी बदल सकते, उस गेंद के परिणाम पर निर्भर होगा)।

यह पुस्तक बड़े पैमाने पर मैच के परिणाम और सत्र पर सट्टेबाजी को कवर करेगी, क्योंकि ये दोनों एक साथ क्रिकेट में सालाना होने वाली खरबों डॉलर के 95 प्रतिशत से अधिक की सट्टेबाजी (मोटे तौर पर बुद्धिमान अनुमानों के अनुसार) को कवर करते हैं।

विषय सूची

प्रस्तावना 5

1. क्रिकेट की वास्विकता 11
2. क्रिकेट की वास्तविकता के लिए प्रमाण 25
3. सत्र और ब्रैकेट सट्टेबाजी 47
4. टिपस्टर और उनका खेल 57
5. जाल 65
6. सट्टेबाज और क्रिकेट सट्टेबाजी 74
7. टीकाकार (कमेंटेटर्स) और क्रिकेट विशेषज्ञ 90
8. सट्टेबाजों की आम गलतियाँ 96
9. फँतासी गेम्स 101
10. ऑड्स ही कुंजी हैं 104
11. जीतिए, अगर आपको क्रिकेट पर दांव लगाना ही है 116

क्रिकेट की वास्तविकता

किसी भी क्रिकेट सट्टेबाज के लिए सबसे पहले आवश्यक है क्रिकेट की वास्तविकता को समझना और उसे आत्मसात करना – उन मैचों की वास्तविकता को जिन पर वे दांव लगा रहे हैं। इसके लिए आवश्यकता होगी एक साफ दिमाग की, क्रिकेट सम्बन्धी उन सभी बातों को भूल जाने की जो दशकों से धूर्त ताकतों द्वारा हमारे मानस में क्रिकेट के बारे में भरी गयी हैं। आवश्यकता होगी अपने दिमाग को उन्हीं दुष्ट ताकतों द्वारा हर समय रचे जा रहे सभी छलावरणों से बचा कर साफ रखने की। यदि आप पहले से इस बात को नहीं जानते हैं तो अब अपने जीवन में एक बड़े झटके के लिए तैयार रहें। और मुझे यकीन है कि अधिकांश पाठेंकों को और सट्टेबाजों को भी क्रिकेट के बारे में पूरी सच्चाई का पता नहीं होगा। कई लोगों के फिक्सिंग को लेकर कुछ अस्पष्ट विचार हैं, परन्तु उसकी गहराई और विशालता से, उसके पीछे के विज्ञान से लगभग सभी नितांत अनजान हैं।

आपको लूटने के लिए चौबीसों घंटे काम करने वाली दुष्ट और अपराधिक ताकते हैं – मीडिया, इस व्यवसाय में उनमें सर्वश्रेष्ठ माने जाने वाले भी बाहर नहीं हैं; विभिन्न क्रिकेट बोर्ड, भारत जैसे देशों की सरकारों सहित प्राधिकारी वर्ग; सभी सेलिब्रिटी क्रिकेटर और क्रिकेट विशेषज्ञ; गावस्कर, द्रविड़, कुंबले, तेंदुलकर, धोनी, रिचड्र्स, पोंटिंग, कैलिस, क्लार्क, कोहली, मैकग्राथ, जयसूर्या, तिलकरत्ने, शाकिब अल हसन, कुक, मॉर्गन, मिस्बाह, वसीम अकरम, वकार यूनुस, शाहिद अफरीदी, टेलर, स्ट्रीक, फ्लावर, होल्डर, वॉल्श, पोलार्ड, रसेल (किसी भी देश का कोई भी खिलाड़ी, अतीत या वर्तमान, जो आप सोच सकते हैं) सहित दिग्गज खिलाड़ी; क्रिकेट कमेंटेटर; दुनिया भर में विभिन्न लीग टीमों के मालिक और उनसे जुड़े लोग, और कई अन्य। क्योंकि वे सभी क्रिकेट की वास्तविकता से अवश्य ही अवगत हैं, लेकिन वे न केवल इस तथ्य को छिपाते हैं, बल्कि आपको क्रिकेट एक प्रतिस्पर्धी खेल के रूप में बेचते हैं, जो कि दशकों

से यह है ही नहीं। उनमें से कई बड़े पैमाने पर खुली धोखाधड़ी में सीधे तौर पर शामिल रहे हैं। लेकिन आप नहीं जानते, क्योंकि मीडिया सुनिश्चित करता है कि आप न जान पाएं। लगभग एक दशक से सार्वजनिक रूप से सामने आई क्रिकेट की वास्तविकता के बावजूद, मीडिया या फिर जो भी अखबार आप खोलते हैं, क्रिकेट मैचों के बारे में ऐसे टिप्पणी करते हैं और लिखते हैं मानो जीतने के लिए प्रतिस्पर्धात्मक रूप से खेले जाने वाले या खेले गए मैच हों। सच्चाई को अच्छी तरह से जानने के बावजूद, मीडिया दुनिया भर में क्रिकेट को एक प्रतिस्पर्धी खेल के रूप में प्रस्तुत करता रहता है। और सभी देशों में करोड़ों क्रिकेट सट्टेबाज ऐसा ही मानकर क्रिकेट सट्टे में लिप्त रहते हैं और परिणामस्वरूप बार-बार लूटे जाते हैं! हाँ, पूरी बात अविश्वसनीय लगती है, और शायद सामान्यत: लोगों के लिए समझ से बाहर भी! **कहावत है, वास्तविकता कल्पना से कहीं ज्यादा विस्मयकारक और आश्चर्यजनक होती है!**

और आप कभी कल्पना भी न करें कि दुनिया में कोई भी व्यक्ति, न्यायालयों सहित, कभी भी आपके बचाव के लिए आने वाला है। कोई भी आपको सट्टा-माफिया के चंगुल से छुड़ाने वाला नहीं है। यह उनके प्रत्यक्ष शिकार, यानी आप, पर है कि समझदार बनें और इस अपराध के अपराधियों से अधिक चालाक सिद्ध हों।

कुछ वर्ष पहले, 2017 में, मैंने एक विस्तृत याचिका के साथ देश के सर्वोच्च न्यायालय, भारत के सुप्रीम कोर्ट का दरवाजा खटखटाने में सक्षम होने के लिए बहुत सारे निरंतर प्रयास किए। मेरा उद्देश्य क्रिकेट के नाम पर बड़े पैमाने पर चल रही अंतर्राष्ट्रीय धोखाधड़ी को समाप्त करना था, और दुनिया भर में करोड़ों अज्ञानी क्रिकेट सट्टेबाजों को लूटने के लिए हर समय हो रहे पूर्व-निर्धारित मैचों की लूट से बचाना था। लेकिन कोर्ट ने अपने विवेक से मामले को हमेशा के लिए दबाने का फैसला किया। न्यायालय के प्रति मेरी अटलता और न्यायालय के पापों का विस्तार से वर्णन मेरी सार्वजनिक रूप से उपलब्ध पुस्तक 'We the Oodles' में है, जो 2020 में प्रकाशित हुई थी। इस पुस्तक में न केवल खुले आम हो रहे अपराध और उसे अंजाम दे रहे प्राधिकारियों, मीडिया और न्यायालय के पापों को उजागर करने वाली हर चीज का विस्तार से दस्तावेजीकरण किया गया है; बल्कि यह पुस्तक निष्ठापूर्वक उन सभी को भेजी भी गई थी ताकि वे कभी भी अपने कुकर्मों से अनभिज्ञता का बहाना न बना सकें या यह न कह सकें कि किसी ने उनकी पीठ पीछे बात की। वह सब भी सार्वजनिक रूप से

प्रलेखित है और नवंबर, 2021 में प्रकाशित मेरी नवीनतम पुस्तक 'What is killing us… Covid or Stupidity?' (बाद में हिन्दी में 'कोविड: मीडिया का भ्रमजाल और शैतानी ताकतों का शतरंज') का एक हिस्सा है। पापियों के लिए बचने का कहीं कोई रास्ता नहीं है। **इन पुस्तकों द्वारा भारत का उच्चतम न्यायालय और मीडिया जैसी बड़ी ताकतें हमेशा के लिए कटघरे में जकड़े गये हैं; लेकिन ये ताकतें या इनको भी चलाने वाली माफिया-ताकतें इतनी सामर्थ्यवान हैं कि खुल्ले-आम दुष्टता अभी भी जारी है!!**

विभिन्न क्रिकेट बोर्डों और आईसीसी (अंतर्राष्ट्रीय क्रिकेट परिषद) द्वारा नियंत्रित क्रिकेट मैचों को प्रतिष्ठा के लिए खेले जाने वाला और अत्यधिक प्रतिस्पर्धी माना जाता है। कहा जाता है कि हर टीम जीत के लिए अपनी तरफ से पूरी कोशिश कर रही होती है। इस प्रकार से दुनिया भर में करोड़ों भ्रमित लोग क्रिकेट पर दांव लगाते समय जाल में फंसते रहते हैं। वे शर्त लगाते हुए अनुमान लगाते हैं कि आगे क्या होना चाहिए - यह सोचकर कि वहाँ एक निष्पक्ष प्रतिस्पर्धी खेल खेला जा रहा है और सभी खिलाड़ी और टीमें जीतने के लिए अपनी पूरी कोशिश कर रहे होंगे। वे खिलाड़ियों की क्षमताओं और समय के साथ निर्मित उनकी प्रतिष्ठा के अनुसार अंदाजा लगाते हैं, और मैच दर मैच जाल में फंसते जाते हैं! इन मैचों और क्रिकेट की वास्तविकता क्या है?

2012 में प्रकाशित रियलिटी फिक्शन 'Inside the boundary line' ने सबसे पहले दुनिया को क्रिकेट की हकीकत के बारे में बताया। कैसे क्रिकेट पूरी तरह सट्टा सिंडिकेट की गिरफ्त में चला गया था। कम से कम पिछले कुछ दशकों से। 28 जनवरी, 2013 को कोलकाता में मेरे द्वारा एक संवाददाता सम्मेलन के माध्यम से दुनिया को औपचारिक रूप से भी इसके बारे में बताया गया था। साथ ही साथ, क्रिकेट पत्रकार श्री बिपिन दानी के साथ मेरे साक्षात्कार के माध्यम से भी यही किया गया था, जो 27 जनवरी, 2013 को समाचार पत्रों Deccan Chronicle' और 'Asian Age' में प्रकाशित हुआ था (शायद ये केवल ऐसे समाचार पत्र थे या बहुत कम समाचार पत्रों में से कुछ थे जो उन दिनों 27 जनवरी को भारत में भी प्रकाशित होते थे)।

वह 9 साल पहले की बात है। तब से अब तक पुल के नीचे काफी पानी बह चुका है। यह अब किसी भी संदेह से परे स्थापित है, सूरज के समान स्पष्ट है, कि क्रिकेट क्या है; यह कैसे एक कठपुतली शो से ज्यादा कुछ नहीं है, कुछ अज्ञात ताकतों द्वारा निर्देशित एक शो, उनका बनाया एक मायाजाल, जिसका असली उद्देश्य आपको, क्रिकेट सट्टेबाजों को, दुनिया भर में लूटना है, बेहिसाब, अरबों-खरबों डॉलर प्रति वर्ष।

गणितीय या वैज्ञानिक साक्ष्य सहित संपूर्ण दस्तावेजीकरण के साथ सभी घटनाक्रम और साक्ष्य के वर्षों से निर्विरोध व अविवादित भंडार को इन पुस्तकों में अच्छी तरह से वर्णित किया गया है: Bettors Beware (All Cricket Matches are Fixed शीर्षक के तहत पुनर्प्रकाशित हुई), Cricket the Massive Fraud (हिंदी और कुछ अन्य भारतीय भाषाओं में 'क्रिकेट सबसे बड़ा फ्रॉड और मूर्ख बनते लोग' शीर्षक के साथ अनुवादित और प्रकाशित), Underworld Cup, और We the Oodles। पुस्तक 'What is killing us ... Covid or Stupidity?' आगे सब कुछ पुष्ट करती है।

इन पुस्तकों में कुछ वर्षों में कई मैचों के उदाहरण/विश्लेषण भी सामने आते हैं - यह दिखाने के लिए कि कैसे एक प्रतिस्पर्धी खेल के रूप में आपको परोसा गया क्रिकेट पूरी तरह से नकली था। इसके अलावा, वर्षों तक https://www.facebook.com/Bettors Beware पर मेरे श्रमसाध्य पोस्ट दुनिया और सट्टेबाजों को लगातार बताते रहे कि क्या हो रहा था।

मुझे यकीन है, आप में से अधिकांश, बल्कि आप में से लगभग सभी कहेंगे कि आप उपरोक्त में से किसी के बारे में नहीं जानते हैं। क्योंकि आधुनिक दुनिया में, मनुष्य आसपास की विभिन्न गतिविधियों के बारे में जानने के लिए मीडिया पर निर्भर है। और मीडिया, समाज का स्वयंभू विवेक रक्षक, आपसे सच्चाई छिपाने की पूरी कोशिश करता रहा है, कर रहा है; आपको कष्ट भुगतने के लिए और दुष्ट व धूर्त ताकतों को अपना धन गँवा देने के लिए छोड़कर। 'We the Oodles' पुस्तक में 'Exposing the Exposed' अध्याय विस्तार से बताता है कि कैसे वैश्विक मीडिया, विशेष रूप से भारतीय मीडिया, क्रिकेट के माध्यम से वैश्विक छल-कपट को जारी रखने के लिए मुख्य रूप से जिम्मेदार है।

आइए, 7 अरब मनुष्यों की पूरी दुनिया को एक विशाल सार्वजनिक धोखाधड़ी का जश्न मनाते हुए अपनी मूर्खता की महिमा का आनंद लेने दें, क्योंकि ये ऐसा बहुत खुशी से करते आ रहे हैं। पूरी तरह से तय और फिक्स क्रिकेट आपको सीधे चोट पहुंचाता है और तेज आघात करता है। इसकी पूरी रूपरेखा केवल उसी मुख्य उद्देश्य के लिए है - खरबों डॉलर के लिए जो आपकी जेब से हर साल सिंडीकेट और उनके साथियों को जाता है!

क्रिकेट का विस्तार हो रहा है। अधिक से अधिक देश अब क्रिकेट खेल रहे हैं। लीग क्रिकेट भी फलफूल रहा है। महिला क्रिकेट दुनिया भर में अधिक से अधिक लोकप्रिय हो रहा है। इसका मतलब है कि अधिक मैच, क्रिकेट पर

लगातार बढ़ती सट्टेबाजी, और सिंडिकेट की लूट की राशि में कई गुना वृद्धि (यानी, ब्रोकरेज से होने वाली आय के अलावा जो तुलना में नगण्य रूप से छोटी होनी चाहिए)। इससे आपके लिए लुटेरों और उनके तरीकों के बारे में सब कुछ जानना अनिवार्य हो जाता है, न केवल अपनी भलाई के लिए, बल्कि आर्थिक रूप से अपने अस्तित्व को बनाये रखने के लिए भी।

अब सार्वजनिक डोमेन में क्रिकेट की वास्तविकता के साक्ष्य का मानो एक विश्वकोश उपलब्ध है (एक बिरले खेल संपादक के कहे अनुसार) जो यह बताता है कि क्रिकेट क्या है और क्या नहीं। लेकिन कमेंटेटर और क्रिकेट विशेषज्ञ मैदान में नाटकों को एक खेल के रूप में समझाने के अपने व्यवसाय में हमेशा की तरह लगे रहे हैं और लगे हुए हैं। अब आप उन पर विश्वास करें या अपनी स्वयं की व्यावहारिक बुद्धि पर, यह आप पर निर्भर करता है। संभवतः आप क्या मानते हैं यह आपके लिए मायने नहीं रखता जब तक आप खेल के केवल एक दर्शक हैं; लेकिन जैसे ही आप सट्टेबाजी के क्षेत्र में प्रवेश करते हैं, आपके लिए क्रिकेट की वास्तविकता को जानना और पूरी तरह से समझना नितांत आवश्यक हो जाता है।

यदि आप खुली आँखों से मैच देख रहे हैं और यदि आप जो देख रहे हैं उस पर थोड़ी सी भी समझ लगाएं, तो अदालतों के लिए उपलब्ध सबूतों के ब्योरे में जाने और उस पर अपना समय बर्बाद करे बिना आप वास्तविकता को समझ सकते हैं। लेकिन इससे पहले आपको अपने दिमाग को उन सभी चीजों से साफ करना होगा जो वर्षों से दिन-ब-दिन कड़ी मेहनत से आपके दिमाग में इंजेक्ट की गई हैं, गहरे तक घुसाई गयी हैं - जब से आपने क्रिकेट देखना शुरु किया है। और मेरा विश्वास करिये, यह आसान नहीं होने वाला है। मुझे बौद्धिक वर्ग से संबंधित कहा जा सकता है और बहुत से उच्च्च शिक्षित और बुद्धिमान लोगों के साथ विचार-विमर्श का मुझे अवसर प्राप्त होता रहता है; मैं देखता हूँ कि उनमें से अधिकांश लोगों के लिए भी अपने जीवन भर के अनुकूलन (कंडीशनिंग) से छुटकारा पाना असंभव सा होता है।

दुनिया को जो आज तक बताया गया है और बताया जा रहा है वह यह है कि क्रिकेट एक अत्यधिक प्रतिस्पर्धी अंतर्राष्ट्रीय खेल है, चाहे लीग मैच हों या अंतर्राष्ट्रीय मैच; सभी मैच प्रतिष्ठा के लिए खेले जाते हैं और टीमें जीतने की पूरी कोशिश करती हैं। कुछ गुमराह खिलाड़ियों की संलिप्तता के कारण कभी-कभी थोड़ी बहुत फिक्सिंग हो सकती है, लेकिन विभिन्न क्रिकेट बोर्डों और आईसीसी

(अंतर्राष्ट्रीय क्रिकेट परिषद) की आंतरिक जिम्मेदार भ्रष्टाचार-विरोधी मशीनरी दोषियों को सामने ला कर यह देखने के लिए है कि ज्यादातर मैच निष्पक्ष बने रहें। लेकिन क्या मैच निष्पक्ष और प्रतिस्पर्धी होते हैं?

यदि आप मैचों पर दांव लगाते हैं, तो आप मैच देखते भी होंगे। तो आप उनमें क्या देखते हैं? कभी-कभी जब मैच जीतने के लिए आखिरी गेंद या आखिरी कुछ गेंदों पर बाउंड्री की, या पहली पारी में बल्लेबाजी करते हुए जितना संभव हो उतना बड़ा लक्ष्य निर्धारित करने की, आवश्यकता होती है, तब क्या आप जमे हुए खूंखार हिटरों को गेंद को टैप भर करते हुए नहीं देखते हैं? क्या आप प्रशंसित व अत्यधिक प्रतिभाशाली गेंदबाजों को अचानक अपनी टीमों के लिए मैच हारने के लिए, या अन्यथा बल्लेबाजों द्वारा स्कोरिंग को सुविधाजनक बनाने के लिए अचानक निरंकुश गन्दी गेंदबाजी करते हुए नहीं देखते हैं?

क्या आप गेंदबाजों को लेग स्टंप पर फुल टॉस गेंदे खिलाते हुए नहीं देखते हैं जिससे विपक्षी टीम को अंतिम कुछ गेंदों में आवश्यक रन बनाने में जरूरी मदद मिल जाए? क्या आप नहीं देखते हैं कि अधिकांश फ्री-हिट सर्वश्रेष्ठ हिटरों द्वारा भी उपयोग नहीं किए गए हैं या नहीं किये जाते हैं? क्या आप बल्लेबाजों (चाहे पुरुष हों या महिला) को जानबूझकर आउट होने के लिए शॉट खेलते हुए नहीं देखते हैं? कभी-कभी यह सब बहुत स्पष्ट होता है, उन लोगों के लिए और भी अधिक स्पष्ट होना चाहिए जो क्रिकेट को मुझसे या आप से बेहतर जानते और समझते हैं। हालांकि जो कुछ भी होता है उसके लिए कोई न कोई टिप्पणीकार (कमेंटेटर) औचित्य देने के लिए हमेशा मौजूद रहते हैं ताकि आपका दिमाग धुंधला रहे और आप स्पष्ट चीजें भी न देख, समझ पाएं। यदि मैच स्पर्धात्मक होते, तो आप को मैदान में होती ऐसी वाहियात, मजाकिया, स्वयं को हराने वाली क्रिकेट शायद एक बार भी नजर नहीं आती।

क्या आप नहीं देखते हैं कि रन-आउट के अवसरों को कई बार जानबूझकर चूका जाता है, या तो फील्डर्स द्वारा इधर-उधर गेंद फेंक कर या स्टंप के पास वाले खिलाड़ी द्वारा? क्या आप बल्लेबाजों को जानबूझकर रन-आउट होते हुए या यह सुनिश्चित करने के लिए कि वे आउट हों, एक विशेष प्रकार से दौड़ते हुए - रुक-रुक कर, बिना मतलब दौड़े चले जाते, या तिरछे दौड़ते हुए, नहीं देखते हैं? क्या आप नहीं देखते हैं कि अक्सर निपुण क्रिकेटरों द्वारा भी अकथनीय क्रिकेट खेला जाता है (कभी-कभी कमेंटेटरों द्वारा भी ऐसी टिप्पणी की जाती है)? क्या कमेंटेटरों द्वारा बल्लेबाजी के लिए कठिन घोषित की गई पिच पर अचानक से रन

नहीं बनने लगते हैं या फिर इसके विपरीत? क्या आप कभी-कभी फील्डर्स को जानबूझकर कैच छोड़ते हुए नहीं देखते हैं? क्या आप उच्च स्कोरिंग और हिटिंग के लिए महान प्रतिष्ठा वाले बल्लेबाजों को जिनकी प्रतिष्ठा हमारे दिमाग में प्रबल हो चुकी होती है, इस प्रकार की प्रतिष्ठा के बाद 10 में से 9 बार विफल होते हुए नहीं देखते हैं? शाहिद अफरीदी और क्रिस गेल कुछ बहुत ही शक्तिशाली उदाहरण हैं जो तुरंत दिमाग में आते हैं। शायद, प्रतिस्पर्धी मैचों के नाम पे होती इस प्रकार की अकथनीय क्रिकेट अनंत है। संक्षेप में, जितना अधिक आप अपनी आंखों और विवेक से मैचों को देखेंगे, इसकी परवाह किये बिना कि कमेंटेटर या अन्य लोग आपको क्या विश्वास दिलाना चाहते हैं, जल्द ही आपको अपने आप यह समझ आ जाएगा कि आपको चौबीसों घंटे किस प्रकार के क्रिकेट से रुबरु कराया जा रहा है। किसी को भी आपको यह बात बताने की जरूरत नहीं होनी चाहिए, न ही इसके लिए आपको उपलब्ध सबूतों के विश्वकोश को छानने की जरूरत होनी चाहिए! **जीवन में आत्मबोध जैसा कोई बोध नहीं होता।**

लेकिन यह सब '***क्रिकेट एक संयोग है*** (cricket is by chance)' या 'खेल की अनिश्चितता' जैसी स्वयंसिद्धियों (axioms या सिद्धांतों) के रूप में आपको समझाया जा सकता है। सचमुच क्या ऐसा है? हां, यदि आप वास्तव में मूर्ख हैं तो आप स्क्रीन पर मिनट दर मिनट जो देखते हैं उसके बजाय आप इस तरह की स्वयंसिद्धियों या सिद्धांतों पर विश्वास करेंगे जो दृढ़ता से बहुत गहरे आपके दिमाग में उतार दिए गए हैं, और शायद आपको हमेशा मूर्ख बनाये रखने के लिए ही गढ़े गए हैं। यह तो ऐसा है जैसे आप अपनी आंखों के सामने एक हत्या होते हुए देखते हैं लेकिन आप किसी ऐसे व्यक्ति पर विश्वास करते हैं जो आपको बताता है कि कुछ नहीं हुआ। **बल्कि यह उससे भी बदतर है, क्योंकि यहां हत्या जैसी कोई चीज लगातार बार-बार हो रही है।**

आइए हम थोड़ा रुकें और सोचें कि इस सबका क्या अर्थ है या इस सबका क्या अर्थ हो सकता है?

आम तौर पर, कोई भी एकल खिलाड़ी गेंद के नतीजे को सुनिश्चित नहीं कर सकता/ फेंकी गई गेंद से होने वाला अंतिम परिणाम (मान लीजिए कि एक गेंदबाज इतनी वाइड गेंद फेंकता है कि बल्लेबाज उस तक नहीं पहुंच सकता है और कोई भी संभवत: इसे सीमा तक जाने से नहीं रोक सकता है, तो केवल एक खिलाड़ी उस गेंद का परिणाम सुनिश्चित कर रहा है)। जो हम अक्सर होते हुए देखते हैं, यह (फिक्सिंग) कुछ खिलाड़ी अपने दम पर नहीं कर सकते;

जैसा कि हमें समझाया गया है और हम में से बहुत से लोग विश्वास करते हैं। इस पूरी बात का संस्थागत होना लाजमी है। सीधे तौर पर जो मैं और आप इतनी आसानी से देख सकते हैं, वो प्रशिक्षक (कोचेज), पूर्व क्रिकेटर गावस्कर और भोगले जैसे अनुभवी कमेंटेटर, दुनिया भर के जानकार क्रिकेट पत्रकार और सैकड़ों क्रिकेट विशेषज्ञ और भी बेहतर देख सकते हैं। फिर भी सब चुप हैं। इसके विपरीत, वे हमें एक प्रतिस्पर्धी खेल के रूप में क्रिकेट बेचते हैं, जो स्पष्ट रूप से दशकों से इसके ठीक विपरीत है। इसका निर्विवाद अर्थ यह है कि स्पष्ट फिक्सिंग के कोई भी मामले जो हमारे संज्ञान में आते हैं, उनको पूरे क्रिकेट प्रशासन का आशीर्वाद प्राप्त होता है।

ऐसे बहुत से लोग हैं जो क्रिकेट सिर्फ सतही रूप से देख सकते हैं और विकेट, लुभावने कैच, या बढ़िया शॉट और छक्के उन्हें रोमांचित करते हैं। उनमें से बहुत से लोग उपरोक्त को एक अजीब या पागल दिमाग की कल्पना के रूप में खारिज करने में प्रसन्न होंगे। लेकिन अफसोस! वे ऐसा नहीं कर सकते क्योंकि सार्वजनिक क्षेत्र में अब सबूतों का एक वृहद् कोश है जो उपरोक्त बातों से स्वतंत्र, गेंद दर गेंद की दशकों से संस्थागत फिक्सिंग को निर्विवाद स्थापित करता है। बस उसकी कुछ झलक देने के लिए, 2013 में प्रकाशित पुस्तक 'Bettors Beware' (बाद में 'All Cricket Matches are Fixed' शीर्षक के तहत पुनर्प्रकाशित) में Large Scale Fixing gets established but all look the other way अध्याय का उल्लेख पर्याप्त होना चाहिए। यह काफी हद तक उस समय मीडिया में चर्चित कुख्यात श्रीसंत प्रकरण से उभरे तथ्यों पर आधारित था। फिर भी किसी ने यह देखने की जहमत नहीं उठाई कि कैसे यह स्पष्ट था कि फिक्सिंग सिर्फ गिने चुने कुछ लोगों का काम नहीं हो सकता था जैसा कि इसे बताया गया था और सालों से बताया जा रहा है। क्रिकेट की विशाल दुनिया और मीडिया में कोई भी इस छोटे से अध्याय की सामग्री का भी आज तक जरा भी विरोध नहीं कर पाया है और न ही कभी कर पायेगा। यदि इससे संस्थागत फिक्सिंग स्थापित नहीं होती है, तो तार्किक दुनिया में कुछ भी स्थापित नहीं होता है! अनेकों सार्वजनिक रूप से उपलब्ध और अकाट्य सबूतों को अगले अध्याय में उन लोगों के लिए सूचीबद्ध किया जाएगा जो निरंतर चल रहे कठपुतली के खेल को अपने दम पर नहीं समझ सकते या देख पाते।

अन्य बातों के साथ-साथ इसका मतलब यह है कि आईसीसी या अन्य क्रिकेट बोर्डों की भ्रष्टाचार विरोधी इकाइयां आंख में धूल झोंकने से ज्यादा और

कुछ भी नहीं हैं; इनका केवल और केवल उद्देश्य दुनिया को मूर्ख बनाये रखना है। क्रिकेट के संस्थागत रूप से फिक्स होने और कठपुतली के खेल से ज्यादा कुछ नहीं होने के विस्तृत सबूतों से सामना होने पर भी इन भ्रष्टाचार-विरोधी निकायों का वर्षों से चुप रहने का स्पष्ट रिकॉर्ड अच्छी तरह से प्रलेखित है। संभवतः ये बेचारे लोग स्वयं एक दुष्ट संस्था का हिस्सा होने के कारण कुछ नहीं कर सकते थे! जो है उससे कोई बिल्कुल अक्ल का अंधा ही इंकार कर सकता है; यह कैसे हो रहा है, इसका पता लगाना प्राधिकारी वर्ग और सरकारों का काम है।

बहुतेरे इस सबको यह समझकर और कह कर बकवास ठहराना पसंद करेंगे कि अंपायर और थर्ड अंपायर भी इस सब में कैसे शामिल हो सकते हैं और उनकी भागीदारी के बिना कोई भी स्क्रिप्ट सुनिश्चित नहीं की जा सकती है। इसका उत्तर सरल है, चूंकि पहिया चल रहा है और सुचारू रूप से चल रहा है, इसलिए सभी क्लॉग अपनी-अपनी जगह पर होंगे ही। महा-विशाल धोखाधड़ी का पहिया किसी भी बाधा या विराम के बिना आसानी से चल रहा है, यह अब एक समय-परीक्षित अकाट्य तथ्य है, जो पूरी तरह से प्रलेखित है, करीब दस वर्षों से बारम्बार। इसे अब किसी के द्वारा थोथी धारणाओं के रूप में खारिज नहीं किया जा सकता जैसा कि लोग एक दशक पहले शायद ज्यादा आसानी से खुद की संतुष्टि के लिए कर सकते थे।

मैं इस किताब में क्रिकेट की हकीकत पर इतना जोर क्यों दे रहा हूं? क्योंकि वह आधार-रेखा है जिसे प्रत्येक सट्टेबाज को अपने दिमाग में गहराई से उतारना जरूरी है। क्रिकेट मैचों के लापरवाह दर्शकों को उनकी अज्ञानता में खुश होने दें, उन्हें कृत्रिम रूप से बनाए गए रोमांच का आनंद लेते रहने दें, एक अरब से अधिक भारतीयों को यह देखकर खुशी महसूस होने दें कि अन्य टीमें भारत के खिलाफ खासकर भारत में ही खेलते समय कैसे खेलना भूल जाती हैं (विश्व क्रिकेट में आधे से अधिक क्रिकेट प्रशंसकों को दीवाना बनाने और खेल से जोड़े रखने के लिए कुछ तो करना होगा- हाहा)। लेकिन अगर आप भारत के बाहर या भारत में क्रिकेट मैचों पर सट्टा लगाने वाले सट्टेबाज हैं, तो आप अज्ञानी और मूर्ख बन कर नहीं रह सकते! सही ढंग से बेट लगाने में सक्षम होने के लिए, और बेटिंग सिंडीकेट्स के लाभार्थ अपना पैसा खोने से रोकने के लिए, आपको अच्छी तरह से समझना होगा कि मैच मैदान में इस तरह से क्यों आगे बढ़ते हैं जैसा कि होता है, इनको चलाने वाली ताकतों के बारे में अच्छी तरह से समझना होगा!

विभिन्न बेटिंग ऑड्स (भाव) मैदान में कुछ अनिश्चित और प्रतिस्पर्धी क्रिकेट के परिणामस्वरूप नहीं बदलते हैं, अपितु मैदान में क्रिकेट एक निश्चित तरीके से आगे बढ़ता है ताकि पहले से ही नियोजित भाव और उनका पूर्व-निर्धारित घटना-बढ़ना (उनमें बदलाव) चलते रहें। इस प्रकार कि पंटर उलझे रहें, भ्रमित रहें व गलतियां करते रहें। कभी-कभी भावों का संचालन पूर्व नियोजित न होकर माफिया की बुक के अनुसार भी हो सकता है ताकि माफिया लाभान्वित हो। खिलाड़ियों द्वारा किया जाने वाला सारा ड्रामा और शानदार अभिनय एक कभी-कभार कोई मैच देखने वाले या लापरवाह दर्शक को एक वास्तविक प्रतिस्पर्धी मैच का आभास देने और ऐसा मुखौटा बनाए रखने के लिए होता है। यही निचोड़ है। और अगर आप इस वास्तविकता को समझ सकते हैं, तो आपने आधी लड़ाई जीत ली। इसका विपरीत भी सही है; यदि आप इस पुस्तक को पढ़ने के बाद भी सट्टेबाजी ज्ञान के कुछ सामान्य संदेशों को छोड़कर इस कठपुतली खेल को समझ नहीं पाते हैं तो मेरी यह पुस्तक किसी काम की नहीं है। लेकिन मुझे आशा है कि सभी प्रकार के दृढ़ विश्वास रखने वाले पाठक भी इस पुस्तक को समाप्त करने तक क्रिकेट की वास्तविकता को समझ लेंगे, खासकर वो जो पहले से ही क्रिकेट सट्टेबाजी के बारे में जानते और समझते हैं।

खिलाड़ियों के अभिनय को महान कहना एक अल्पकथन होगा। वास्तविकता को देखते हुए यह बहुत ज्यादा शानदार और उत्कृष्ट है। स्लेजिंग में अभिनय करना, मैदान पर लड़ना, और सामने वाले की विकेट गिरने पर खुशी व्यक्त करना (जब वास्तव में विकेट जानबूझकर दिया गया हो), आउट होने पर निराशा व्यक्त करना आदि। वे यह नहीं दिखा सकते कि वे पूरी तरह से फिक्स मैच खेल रहे हैं। उनका शानदार अभिनय जनता को मूर्ख बनाए रखने और मुखौटे को जारी रखने में एक बड़ी भूमिका निभाता है। वास्तव में, अकल्पनीय अनुपातों के इस कपट को जारी रखने के लिए, टिप्पणीकारों की हर समय जानबूझकर झूठी और भ्रामक बयानबाजी के साथ-साथ ऐसा अभिनय भी आवश्यक है!

राष्ट्रों और अधिकारियों द्वारा समर्थित इस तरह के एक खुले अपराध के निहितार्थ अंतर्राष्ट्रीय स्तर पर भी बेहद विस्फोटक हैं - इसका जरूरी मतलब यह है कि सभी राष्ट्र, विशेष रूप से सभी क्रिकेट खेलने वाले राष्ट्र, जैसे, भारत और पाकिस्तान, गुप्त रूप से दोस्त हैं, जो एक नहीं समझ आने वाले अतुलनीय अपराध में भागीदार हैं। इस प्रकार, दो अलग-अलग पहलू हैं जो क्रिकेट की पूरी तरह से स्थापित वास्तविकता से निकलते हैं। पहले, पूरी तरह से पाखंडी मानव

जाति खुले तौर पर एक अति विशाल सार्वजनिक धोखाधड़ी और अपराध का जश्न मना रही है जो अब केवल संदिग्ध नहीं है, बल्कि अच्छी तरह से समय के साथ विधिवत परीक्षण द्वारा सही मायने में स्थापित हो चुका है। वही लोग एक ही समय में तुलनात्मक रूप से बहुत छोटी-छोटी बातों पर हर समय परेशान रहते हैं और शिकायत करते रहते हैं। मेरे ख्याल से दूसरा पहलू इससे भी कहीं ज्यादा विस्फोटक और चिंताजनक है। **यह पहलू दिखाता है कि बौद्धिक वर्ग कितना असाधारण मूर्ख है जो पहले पहलू को खेल में भ्रष्टाचार के मामले के रूप में खारिज कर देता है, मानो यह कोई बड़ी बात न हो।** ऐसा इसलिए है क्योंकि दूसरा पहलू है: निहित स्वार्थों के लिए बहुत छोटी संख्या वाली कुछ अन्य ताकतों द्वारा राष्ट्रों की सेनाओं और रक्षा बलों को दशकों से दूसरों को मारने और खुद को मारे जाने के लिए मूर्ख बनाया जा रहा है; हमारी स्कूली शिक्षा के माध्यम से या अन्यथा राष्ट्रवाद के लिए पैदा किया गया जुनून एक बड़ा मजाक है, कई देशों के बीच अंतर्राष्ट्रीय व्यवस्था और पारस्परिक क्रिया में अंतर्निहित कई धारणाएं फर्जी हैं, इन विभिन्न देशों में अधिकतर शीर्ष पदों पर कार्यकारी, कानून बनाने वाले, या अन्यथा लोग भी अज्ञानी और काफी अंधेरे में हैं। एक दूसरे के विरोधी आपस में फिक्स मैच कैसे खेल सकते हैं?

मान लीजिए, फुटबॉल भी क्रिकेट की तरह ही है। इस विषय पर लिखी गई पुस्तकों (डेक्कन हिल द्वारा 'द फिक्स') और समय-समय पर आने वाली रिपोर्टों के अनुसार यह एक प्रबल संभावना है, हालांकि अभी तक यह संदेह से परे साबित नहीं हुआ है, जैसा कि क्रिकेट के बारे में कहा जा सकता है। यदि ऐसा है, तो उपरोक्त पैरा की अंतिम पंक्ति में 'लगभग सभी देश' 'कई देशों' की जगह ले लेंगे, क्योंकि फुटबॉल दुनिया के लगभग सभी देशों द्वारा खेला जाता है और वे सब इसका अनुकरण करते हैं; वे सभी देश फुटबॉल विश्व कप में भाग लेते हैं!

अफसोस! यहां तक कि जब परिणाम इतने गंभीर हैं, तब भी प्रभावित जनता ने इस पर बहरे और अंधे बने रहना चुना है, सामान्य तरीके से जीवन जीना जारी रखते हुए!

शायद निम्न कविता/गाना या जो कुछ कहें, आज की क्रिकेट की सच्चाई को बहुत अच्छे से रेखांकित करता है:

ओ भाई, ओ मेरे भाई,
ये क्रिकेट फिक्स है

जब चाहो उड़ेगी गिल्ली
जब चाहो तो सिक्स है
हम नित नित, हम नित नित
पब्लिक का उल्लू बनावैं
उल्लू बनन
लोकी दौड़ दौड़ आवैं
घन्टां घन्टां लाइन लगावैं
फिर भी टिकट न पावैं
मुंह लटकाइ वापिस जावैं
उल्लू बनन
फिर फिर आवैं

ग्राउंड मां होत
जो भी धमाल है
वो तो हमरी
स्क्रिप्ट का कमाल है

ये क्रिकेट नहीं
हमरी रेलमपेल है
गेम नहीं कोई
सब सट्टेबाजी का खेल है

जब मर्जी
लॉलीपॉप कैच टपकावैं
जब मर्जी
डाइव मार कैच उठावैं

ढई सो रन की
पार्टनरशिप लगावैं
या पांच रनां मैं
पांच विकेट गिरावैं

उल्लू बनन
लोकी दौड़ दौड़ आवैं
टीवी मां
घन्टां आंखां जमावैं
सट्टा मां लाखां गँवावैं

फील्डर बाउंड्री लाइन तै
डायरेक्ट हिट कर
रन आउट करै
या दउ फिट तै
विकेट मिस करै
हमरी मर्जी
कब क्या करतब दिखवावैं
सटोरियां नूं
मकड़जाल मां फंसांवैं

बइट्समन छक्का पै छक्का लगावै
अगला रोज उसको बैट
बॉल कु टच न कर पावै
बोउलर नो बॉल वाइड कर कर
मैच हरावै

आई पी एल, बी बी एल
बी पी एल या शी पी एल
लीग मैचां का
कोई भी ओर-छोर हो
इंडिया पाकिस्तान हो
या वर्ल्ड कप का शोर हो
हर सीरीज का अलग मिक्स है
हर मैच होता फिक्स है

लोकी खूब ताली बजावैं
हम रोज
बिलियन डॉलर कमावैं
पुलिश वुलिश
यहाँ झाड़ू लगावैं
कोच सब
हमरा हुकम बजावैं
मीडिया वाला
क्रिकेट का गीत गावैं
पी एम शी एम
यहाँ सर झुकावैं
सब मिल, सब मिल
पब्लिक का उल्लू बनावैं

ओ भाई, ओ मेरे भाई,
ये क्रिकेट फिक्स है
जब चाहो उड़ेगी गिल्ली
जब चाहो तो सिक्स है।

क्रिकेट की वास्तविकता के लिए प्रमाण

इस पुस्तक के पाठकों को, संक्षेप में, क्रिकेट की वास्तविकता के बारे में पिछले अध्याय में कही गई बातों के समर्थन में मौजूद पर्याप्त से अधिक सबूतों से अवगत कराना अनिवार्य हो जाता है। हालाँकि, मैं दोहराता हूँ, शायद ये सबूत अब उन मैचों और खेल-अभिनयों के सामने जो चौबीसों घंटे बेशर्मी से दिखाए जाते हैं, और अपेक्षाकृत हालिया विकास (पिछले 4-5 वर्षों) के फलस्वरूप सोशल मीडिया पर दसियों या सैकड़ों टिप्सटरों (मुखबिरों) द्वारा खुले तौर पर सभी मैचों के फिक्स होने का दावा किये जाने के सामने भी, बेमानी हो जाते हैं। **और सभी अधिकारी, हमेशा की तरह, इस चौंकाने वाली, शर्मनाक, और हर तरह से परेशान करने वाली गतिविधि के बावजूद अंधे और बहरे हो कर बैठे हैं।** जैसे जैसे हम पुस्तक में आगे बढ़ेंगे, हमें आगे के अध्यायों में क्रिकेट की वास्तविकता की और भी अधिक अभिव्यक्तियाँ देखने को मिलेंगी, और हम इसे और बेहतर समझेंगे।

पिछले कुछ वर्षों में, क्रिकेट में मैच फिक्सिंग के बारे में कई खुलासे हुए हैं जिनमें स्थानीय लीग खिलाड़ियों के साथ-साथ प्रतिष्ठित अंतर्राष्ट्रीय क्रिकेटर भी शामिल रहे हैं। इसके अलावा, यह सवाल उठता है कि क्या बड़े पैमाने पर फिक्सिंग का संकेत देने वाले कोई खुलासे थे या प्रमुख मैचों की फिक्सिंग के बारे में कोई खुलासा हुआ था; और, यदि हां, तो ऐसे खुलासे का क्या हुआ? जब इस तरह के खुलासे सामने आए तो क्रिकेट प्रशासन या कानून लागू करने वाली एजेंसियों और अन्य अधिकारियों ने तार्किक निष्कर्ष पर पहुंचने के लिए कैसे काम किया या नहीं किया? मीडिया ने इनका पीछा कैसे किया या नहीं किया?

आइए पिछले कुछ वर्षों में संस्थागत फिक्सिंग को दर्शाने वाले कुछ अधिक प्रमुखता वाले खुलासे देखें:

1. पूर्व पाकिस्तानी विकेट कीपर, बल्लेबाज और बाद में कप्तान राशिद लतीफ ने 24/7/2010 को वेबसाइट espncricinfo.com पर प्रकाशित 'हाउ क्रिकेट मैचेज आर स्क्रिप्टेड' शीर्षक के एक लेख में सत्र सट्टेबाजी और फिक्सिंग के बीच संबंध का खुलासा किया था।

2. कुछ साल पहले नवंबर 2011 में और मैच के सालों बाद मशहूर क्रिकेटर और भारतीय टीम के सदस्य विनोद कांबली ने मीडिया के जरिए यह आरोप लगाया था कि भारत और श्रीलंका के बीच 1996 का वर्ल्ड कप सेमीफाइनल फिक्स था।
3. 2012 में, पुरस्कार विजेता ब्रिटिश खेल पत्रकार ई.डी. हॉकिन्स की लिखी पुस्तक 'बुकी गैम्बलर फिक्सर स्पाई' प्रकाशित हुई। किताब का पिछला कवर बताता है, '...एक भारतीय सट्टेबाज ने हॉकिन्स को 2011 विश्व कप के दौरान एक कथित फिक्स के लिए एक 'स्क्रिप्ट' का पाठ भेजा, जिसे वह भी शब्दों में बयां करने के लिए बहुत आश्चर्यजनक पाता है; वह इस मैच को एक अरब के अनुमानित टेलीविजन दर्शकों के साथ देखता है – जैसे-जैसे मैच स्क्रिप्ट के अनुसार सामने आता है, वह यह तय करता है कि मैच फिक्सिंग के आंतरिक कामकाज को उजागर करने का समय आ गया है...।' उल्लिखित मैच भारत और पाकिस्तान के बीच विश्व कप सेमीफाइनल था।
4. 27/1/2013 को क्रिकेट पत्रकार बिपिन दानी द्वारा लिया गया मेरा साक्षात्कार मेरे रियलिटी फिक्शन 'इनसाइड द बाउंड्री लाइन (Inside the Boundary Line)' के प्रकाशन के बाद भारत के प्रतिष्ठित अंग्रेजी दैनिकों 'डेक्कन क्रॉनिकल (Deccan Chronicle)' और 'एशियन एज (Asian Age)' में प्रकाशित हुआ था। मैं उस समय एक सेवानिवृत्त (स्वेच्छा से) वरिष्ठ रेलवे अधिकारी था और सेवा में रहते हुए भ्रष्टाचार के खिलाफ अपने धर्मयुद्ध के लिए एक राष्ट्रीय स्तर का पुरस्कार विजेता था (केवल यह इंगित करने के लिए कि यह एक पूरी तरह से जिम्मेदार व्यक्ति का साक्षात्कार था)। इस साक्षात्कार के माध्यम से दुनिया को पहली बार यह स्पष्ट रूप से बताया गया था कि अंतर्राष्ट्रीय क्रिकेट पूरी तरह से और संस्थागत रूप से फिक्स था। 2012 के अंत में प्रकाशित इस पुस्तक ने इस तरह के एक असाधारण और विस्फोटक खुलासे से उत्पन्न सभी सवालों के जवाब दिए थे या जवाब देने का प्रयास किया था। इस दुनिया को हिला देने वाली खोज को दुनिया के साथ साझा करने के लिए अगले दिन 28/1/2013 को मेरे द्वारा कोलकाता में एक प्रेस-बैठक भी आयोजित की गई थी।
5. तत्पश्चात, सत्र सट्टेबाजी पर संभाव्यता के सिद्धांत के बुनियादी नियमों को लागू करके क्रिकेट में पूरी तरह से फिक्सिंग के गणितीय/वैज्ञानिक प्रमाण की अवधारणा को 10/7/2013 को मेरा हवाला देते हुए 'स्टेट्समैन (The

Statesman)' में प्रकाशित 'क्रिकेट इन मैसिव फिक्स? (Cricket in Massive Fix?)' शीर्षक के एक लेख के माध्यम से संक्षेप में दुनिया के सामने लाया गया था।

6. दिनांक 27/7/2013 के टाइम्स ऑफ इंडिया की इस शीर्षक वाली समाचार रिपोर्ट '*चार्जशीट में कहा गया है कि आईपीएल सट्टेबाजी के भाव दाऊद द्वारा निर्धारित होते हैं*' में बताया गया था, '... दिल्ली पुलिस की चार्जशीट, जो अगले सप्ताह दायर होने की संभावना है, द्वारा, डॉन द्वारा नियंत्रित अवैध सट्टेबाजी की विश्वासघाती दुनिया की ओर इशारा करते हुए यह समझाए जाने की उम्मीद है कि कैसे दाऊद, डी-कंपनी के "टिप ऑफ" पर भरोसा करने वाले सट्टेबाजों को भी धोखा देता रहा है।

   "छोटे और मध्यम स्तर के सट्टेबाजों ने डी-कंपनी द्वारा घोषित विजेता टीम की जानकारी पर भरोसा किया क्योंकि यह ज्यादातर सच साबित होती है। लेकिन कभी-कभी, जानकारी फेक या गलत होती थी। एक गलत विजेता टीम का नाम लिया जाएगा। इसलिए, जबकि कुछ सट्टेबाजों को पता रहता था कि पैसा कहां लगाना है, अन्य जिन्होंने डी-कंपनी की जानकारी को सही माना, वे हार गए। दोनों तरह से, डी कंपनी को फायदा हुआ," एक वरिष्ठ पुलिस अधिकारी ने यह कहा.....'

   यह समाचार स्पष्ट रूप से पूर्णतः फिक्स मैचों की ओर इशारा करता है, क्योंकि इसके अनुसार दाऊद को हर मैच का नतीजा पहले से मालूम होता था। परन्तु दुनिया लम्बी ताने सोती रही।

7. स्टेट्समैन में 13 अगस्त, 2013 को प्रकाशित एक समाचार ने यह बताया: '*पूर्व ऑस्ट्रेलियाई कप्तान स्टीव वॉ को कल यह कहते हुए उद्धृत किया गया था कि स्पॉट फिक्सिंग के साथ-साथ ब्रैकेट फिक्सिंग क्रिकेट के लिए नवीनतम खतरा था, और सट्टेबाज इससे बहुत पैसा कमा रहे थे। वॉ ने* news.com.au *को दिए एक साक्षात्कार में कहा, "ब्रैकेट फिक्सिंग के साथ, 50 ओवर के खेल या ट्वेंटी 20 प्रतियोगिता के एक खंड में हेरफेर किया जाता है।" वॉ के अनुसार, "पांच ओवर की अवधि में, उदाहरण के लिए, भ्रष्ट खिलाड़ी सुनिश्चित करते हैं कि एक निश्चित मात्रा में रन बनाए जाएं, और यदि एक कप्तान शामिल है, तो पूरी प्रक्रिया को गुपचुप और प्रभावी ढंग से हासिल किया जा सकता है ... इस तरह की योजनाओं के क्रियान्वयन के अवसर व्यापक हैं, विशेष रूप से दूसरे स्तर के टूर्नामेंटों में जैसे*

घरेलू ट्वेंटी-20 प्रतियोगिताएं और वैश्विक मीडिया और अधिक कड़े मैच अधिकारियों की खोजी नजरों से दूर अन्य कार्यक्रमों में।" पूर्व *खिलाड़ी ने कहा कि भ्रष्टाचार के व्यापक क्षेत्रों के अलावा इन मामलों पर चर्चा* की गई थी, जब मैरीलेबोन क्रिकेट क्लब की विश्व क्रिकेट समिति के सदस्य *के रूप में वॉ ने 2010 में पर्थ में मुलाकात की थी।*

उन्होंने कहा कि सदी के अंत में, टेस्ट कप्तानों सहित कुछ प्रमुख खिलाड़ियों के भ्रष्टाचार के दोषी पाए जाने के बाद, कई राष्ट्रीय क्रिकेट बोर्डों ने कुछ सुरागों की पूरी तरह से जांच नहीं करने का फैसला किया, इस डर से कि कहीं और स्टार खिलाड़ी न फंस जाएं। अब खतरा मंडरा रहा है क्योंकि पूरे क्रिकेट जगत में ट्वेंटी 20 लीग शुरू हो गई हैं।'

एक अति महत्त्वपूर्ण पूर्व खिलाड़ी की इन आशंकाओं के बावजूद भी क्रिकेट जगत और बाकी दुनिया मजे से 10 साल से सो रहे हैं। **यह अन्य बात है कि वॉ ने पूरा सत्य नहीं कहा था, शायद वे नहीं कह सकते थे कि यही सत्र फिक्सिंग पहले स्तर के टूर्नामेंटों में और अंतर्राष्ट्रीय मैचों में भी होती है, और इसका सीधा सा अर्थ है पूरे मैचों का गेंद दर गेंद फिक्स होना।**

8. टीएनएन समाचार रिपोर्ट दिनांक 12/2/2014 के अनुसार, सीएसके और आरआर के बीच आईपीएल 6 (आईपीएल-2013) के मैच नंबर 61 की जांच की जा रही थी और इस पर कई भवें उठी थीं। 12वें ओवर में 83/0 के स्वस्थ्य स्कोर से, सीएसके बहुत मजबूत बल्लेबाजी क्रम के बावजूद 20 ओवरों में 141/4 पर समाप्त हो गया। उस समय इसकी जांच कर रहे आईपीएस अधिकारी जी संपत कुमार ने कहा कि वह खुद क्रिकेटर रहे हैं और मैच देखकर आसानी से पता चलता है कि यह फिक्स था।
9. 25/2/2014 की जी न्यूज की रिपोर्ट के अनुसार, आईपीएल-2013 स्पॉट फिक्सिंग घोटाले में अंदरूनी सूत्र माने जाने वाले विंदू दारा सिंह ने बताया कि आईपीएल 100% फिक्स होता था।
10. पीटीआई द्वारा निम्नलिखित कवरेज अंग्रेजी में मेरी पुस्तक 'बेटर्स बिवेयर' के प्रकाशन और तदोपरांत फरवरी, 2014 के अंत में नई दिल्ली में मेरी प्रेस मीट (ताकि पुस्तक और इसकी सामग्री से दुनिया को परिचित कराया जा सके) के परिणामस्वरूप की गई थी।

    'व्हिसलब्लोअर का आरोप यह है कि लगभग सभी अंतर्राष्ट्रीय क्रिकेट मैच फिक्स होते हैं।

अपडेट किया गया: मार्च 02, 2014, 06:21 IST पीटीआई।

रेलवे के एक पूर्व कर्मचारी और व्हिसलब्लोअर ने लगभग सभी अंतर्राष्ट्रीय मैच 'फिक्स्ड' होने का आरोप लगाकर क्रिकेट बिरादरी को गर्म कर दिया।

नई दिल्ली: रेलवे के एक पूर्व कर्मचारी और व्हिसलब्लोअर ने लगभग सभी अंतर्राष्ट्रीय मैच 'फिक्स्ड' होने का आरोप लगाकर क्रिकेट बिरादरी को गर्म कर दिया।

अतुल कुमार ने पिछले साल दिसंबर में एक किताब प्रकाशित की है, 'बेटर्स बिवेयर (Bettors Beware)', जिसमें उन्होंने दावा किया है कि "फिक्सिंग" केवल इंडियन प्रीमियर लीग या अन्य घरेलू टूर्नामेंट तक ही सीमित नहीं थी, बल्कि अंतर्राष्ट्रीय ट्वेंटी 20, वन-डे और टेस्ट क्रिकेट में भी बहुत प्रचलित थी।

मीडिया के सामने अपनी किताब पेश करते हुए अतुल ने बताया कि उन्होंने गणितीय विश्लेषण किया है और साबित किया है कि 'सेशन सट्टेबाजी' लगभग सभी अंतर्राष्ट्रीय मैचों में हो रही है।

अतुल ने नई दिल्ली में एक संवाददाता सम्मेलन में दावा किया, "ऐसा नहीं है कि केवल आईपीएल ही फिक्स होता है, किन्हीं दो देशों के बीच सभी या लगभग सभी अंतर्राष्ट्रीय मैच फिक्स होते हैं।"

"वास्तव में, केवल खिलाड़ी ही नहीं, यहां तक कि कमेंटेटर भी फिक्सिंग में शामिल हैं।

"सत्र सट्टेबाजी को ध्यान में रखा जाना चाहिए। मैंने कई मैचों पर गणितीय रूप से काम किया है। स्कोरिंग पैटर्न और गणितीय विश्लेषण से मैं देख सकता था कि मैच कैसे तय (फिक्स) किए गए थे," अतुल, जिन्होंने पहले नवंबर 2012 में एक और किताब - "इनसाइड द बाउंड्री लाइन" - लिखी थी, ने कहा।

लेखक ने यह भी कहा कि उन्होंने दक्षिण अफ्रीका में 2007 ट्वेंटी-20 विश्व कप के सभी मैचों का विश्लेषण किया और पाया कि वे "फिक्स्ड" थे।

किताब का एक अध्याय 2007 के टी20 विश्व कप को भी समर्पित है। अतुल ने कहा, "मैंने यह देखने के लिए कुछ विश्लेषण किया है कि 2007 में आयोजित ट्वेंटी-20 विश्व कप के सभी मैचों में सट्टेबाजी सत्र के दौरान स्कोरिंग कैसे आगे बढ़ी।"

यह पूछे जाने पर कि क्या उनके पास अपने दावों को साबित करने के लिए सबूत हैं, अतुल ने कहा कि मैचों का गणितीय विश्लेषण "परिस्थितिजन्य साक्ष्य" के रूप में काम कर सकता है।

यह पूछे जाने पर कि उन्होंने अपने आरोपों के आधार पर अदालत में जनहित याचिका क्यों नहीं दायर की, अतुल ने कहा, "मुझे उम्मीद है कि कोई और अदालत में जनहित याचिका दायर करेगा और मैं गणितीय रूप से साबित कर सकता हूं कि मैच फिक्स थे।"

अतुल ने मैच फिक्सिंग पर अपनी नवीनतम पुस्तक में 2007 के टी20 विश्व कप मैचों के अलावा कई आईपीएल खेलों और कुछ टेस्ट मैचों का विश्लेषण किया है।'

पीटीआई की इस विस्फोटक रिपोर्ट के बावजूद, क्रिकेट जगत और बाकी दुनिया आराम से सोते रहे, नतीजा - दसियों करोड़ों क्रिकेट प्रेमी और करोड़ों सट्टेबाज आज लगभग एक दशक बाद भी क्रिकेट की हकीकत से निरे अनजान हैं।

11. स्टेट्समैन के प्रशंसित व सम्मानित खेल संपादक, श्री पुलाकेश मुखोपाध्याय द्वारा पुस्तक बेटर्स बिवेयर की समीक्षा, दिनांक 27/04/2014 के स्टेट्समैन में प्रकाशित हुई थी। वह आत्म-व्याख्यात्मक है। इस समीक्षा के अनुसार, पुस्तक में दिए गए क्रिकेट में लगातार फिक्सिंग के गणितीय प्रमाण की समीक्षा समीक्षक द्वारा एक से अधिक व्यक्तियों द्वारा करवाई गई और इसे संतोषजनक पाया गया। इस संबंध में समीक्षा यह कहती है:

"... और भले ही "वंडर्स ऑफ मैथमेटिक्स" शीर्षक वाला अध्याय एबीसी जितना आसान नहीं है, और गद्य हमेशा स्पष्ट नहीं होता है, क्रिकेट और अंकगणितीय जटिलताओं दोनों से परिचित कई लोगों ने जिनसे इस पर परामर्श किया गया, उन्होंने इसका समर्थन किया और इसे ठीक कहा है। 'वाओ!' मीलों अलग-अलग स्थानों से एकमत से यही धारणा उभर कर आई....."

12. इस पुस्तक में 'लार्ज स्केल फिक्सिंग गेट्स इस्टैब्लिश्ड बट ऑल लुक द अदर वे (Large Scale Fixing Gets Established but All Look the Other Way)' शीर्षक वाला एक अध्याय है। इसका उल्लेख पिछले अध्याय में भी किया जा चुका है। जैसा कि इस अध्याय में बताया गया है, यह स्पष्ट था कि बल्लेबाजों की एक अच्छी संख्या, जिनमें एक बल्लेबाज के रूप में एडम गिलक्रिस्ट जैसे कुछ बहुत बड़े अंतर्राष्ट्रीय नाम भी थे, और गेंदबाजी टीम के कप्तान के रूप में राहुल द्रविड़, को फिक्सिंग की उन घटनाओं में शामिल होना लाजमी था, जिन्हें स्पॉट-फिक्सिंग कह कर मीडिया में व्यापक

रूप से रिपोर्ट किया गया। इस अध्याय में जिस बात पर प्रकाश डाला गया वह एक बहुत ही बुनियादी सामान्य समझ वाला तथ्य था, जिसे क्रिकेट जगत, पुलिस आयुक्तों, क्रिकेट पत्रकारों, दुनिया भर के मीडिया कर्मियों और बाकी दुनिया की अद्‌भुत और अविश्वसनीय मूर्खता द्वारा अनदेखा किया गया (उद्देश्य पर?) और नजरअंदाज किया जा रहा है। **जैसा कि पहले उल्लेख किया गया है, कोई भी गेंदबाज अकेले एक गेंद (जब तक कि विकेट कीपर द्वारा रोके जाने के लिए यह बहुत वाइड न हो) और निश्चित रूप से एक ओवर के रनों को फिक्स नहीं कर सकता है, जैसा कि दुनिया भर में आख्यान का निर्माण किया गया था और किया जाता रहा है!** इसके तार्किक निहितार्थ और कुछ अन्य तर्कों को सामने लाया गया और चर्चा की गई।

13. दिसंबर 2014 में, मैंने क्रिकेट द मैसिव फ्रॉड (Cricket the massive fraud) नाम की एक और किताब प्रकाशित करवाई। इस पुस्तक का उद्देश्य दुनिया से यह पूछना था कि गणितीय रूप से सिद्ध होने के बावजूद, आईसीसी को अच्छी तरह से इसकी सूचना होने के बावजूद, और भारत के सर्वोच्च न्यायालय के दरवाजे भी एक व्यापक पत्र के माध्यम से (उस समय) खटखटाए जाने के बावजूद, क्रिकेट के माध्यम से बड़े पैमाने पर सार्वजनिक धोखाधड़ी क्योंकर जारी थी। इस पुस्तक का हिंदी और कुछ क्षेत्रीय भाषाओं में भी अनुवाद किया गया था।
14. पुरस्कार विजेता प्रख्यात पत्रकार शांतनु गुहा रे द्वारा लिखित पुस्तक 'द फिक्स्ड! कैश एंड करप्शन इन क्रिकेट' (The Fixed! Cash and Corruption in Cricket) 2016 में प्रकाशित हुई थी। इस पुस्तक में पिछले कुछ वर्षों में फिक्सिंग और क्रिकेट सम्बन्धित कदाचार के कई उदाहरण सामने आए हैं, जिनकी जांच क्रिकेट प्रशासन और कानून लागू करने वाली एजेंसियों दोनों ने ही नहीं की थी। इनमें आईसीसी विश्व कप 2011 में भारत और पाकिस्तान के बीच सेमीफाइनल की स्क्रिप्ट पर एक रिपोर्ट शामिल थी जो मैच से पहले मीडियाकर्मियों के बीच एक सामान्य जानकारी बन गई थी। यह वही मैच था जिसने ई.डी. हॉकिन्स को किताब लिखने के लिए प्रेरित किया था। अन्य बातों के अलावा, पुस्तक में बताया गया है कि न्यायमूर्ति मुद्‌गल की रिपोर्ट (जस्टिस मुद्‌गल ने 2013 के आईपीएल स्पॉट फिक्सिंग घोटाले में सुप्रीम कोर्ट द्वारा नियुक्त जांच का नेतृत्व किया) में यह शामिल है:

'....चुटानी नियमित रूप से भारत, पाकिस्तान, सिंगापुर और कुआलालंपुर में प्रमुख सट्टेबाजों को शुरुआती दरों या भावों के बारे में बताता था। वह निश्चित होता था कि मैच में क्या होगा और उसी के अनुसार दरें तय की जाती थीं। कोई उससे बहस करने की हिम्मत नहीं करता था ...'

जावेद चुटानी को दाऊद इब्राहिम के करीबी सहयोगियों में से एक बताया गया है, जो अंडरवर्ल्ड के सरगना के साथ सीधा संपर्क बनाए रखता था। **चुटानी, या कोई भी, एक मैच में क्या होगा, इसके बारे में निश्चित नहीं हो सकता यदि मैच पूर्व-निर्धारित न हो, जो कि फिक्सिंग के संस्थागत हुए बिना असंभव था।**

15. 2016 में, अंग्रेजी में मेरी एक और किताब 'अंडरवर्ल्ड कप टी20 (मीडिया, मोदी, मुद्गल, ममता ऑल डायल दाऊद) (Underworld Cup T20 (Media, Modis, Mudgals and Mamatas all dial Dawood))' प्रकाशित हुई। इस किताब में विस्तार से बताया गया है कि कैसे टी20 विश्व कप 2016 के सभी मैच सट्टा-माफिया और अंडरवर्ल्ड के लाभ के लिए स्क्रिप्टेड और फिक्स किए गए थे।
16. 10 मई, 2017 को, गुजरात लायंस और दिल्ली डेयरडेविल्स के बीच आईपीएल 10 के 50वें मैच के बाद कानपुर के एक होटल से तीन लोगों, सट्टेबाजों/व्यवसायियों को गिरफ्तार किया गया था। वे एक ही फ्लोर/होटल में ठहरे हुए थे जहाँ ये दोनों टीमें ठहरी थीं। गिरफ्तार किए गए लोगों में से एक, रमेश नयन शाह, ने बताया कि मैच फिक्स था। इस संबंध में इंडियाटाइम्स की 12/5/2017 की रिपोर्ट में उल्लेख किया गया है कि 'उनके फोन पर एक दिनांकित व्हाट्सएप संदेश से पता चला कि गुजरात लायंस लगभग 200 रन बनाने के बावजूद मैच हार जाएगा। और ठीक ऐसा ही हुआ।'
17. मीडिया में और पूरे सोशल मीडिया में यह बताया गया था कि क्रिकेट इनसाइडर (@theDcricket) के नाम से एक ट्विटर हैंडल ने 21/5/2017 को आयोजित आईपीएल 10 के फाइनल के बारे में कुछ अजीबोगरीब भविष्यवाणियां की थीं, जिनमें से 9 में से 8 बिलकुल निशाने पर लगीं। भविष्यवाणियों की प्रकृति ऐसी थी कि यह मैच की स्क्रिप्ट पहले से लीक होने के अलावा और कुछ भी नहीं हो सकता था। कोई अन्य तर्कसंगत व्याख्या नहीं हो सकती है। विशिष्ट और अजीबोगरीब भविष्यवाणियां थीं जैसे कि मुंबई पहले बल्लेबाजी करेगी और 120 से 130 रन बनाएगी और जीतेगी, पार्थिव पटेल 10 के नीचे रन बनाएगा, पोलार्ड 1 छक्का लगाएगा।

ऐसी कोई भी भविष्यवाणी जो सच साबित हुई, अनुमान का काम नहीं हो सकती थी। अन्य भविष्यवाणियां भी इसी तरह अजीबोगरीब थीं।

18. 'क्रिकेट इनसाइडर' द्वारा दुनिया को साबित करने के कि क्रिकेट फिक्स था, कुछ ही दिनों बाद, पूर्व पाकिस्तानी क्रिकेटर और कप्तान आमिर सोहेल पाकिस्तान के सीटी (चौंपियंस ट्रॉफी) 2017 के फाइनल में पहुंचने के बाद एक पाकिस्तानी टीवी चैनल पर भड़क गए।
    "सरफराज को यह बताने की जरूरत है कि उन्होंने कुछ महान काम नहीं किया है। किसी ने उन्हें गेम जीतने में मदद की है। उनके (सरफराज) पास इतना खुश होने की कोई भी वजह नहीं है। सभी जानते हैं कि पर्दे के पीछे क्या होता है। इस बारे में विवरण में नहीं जाना चाहता कि उन्हें गेम किसने जिताया। अगर पूछा गया तो मैं कहूंगा कि अनुरागियों (फैंस) और भगवान की दुआओं ने उन्हें मैच जिताया है। ***उन्हें बाहरी कारकों के कारण फाइनल में लाया गया है न कि मैदान में प्रदर्शन के आधार पर।*** *लड़कों को अब शांत रहने और अच्छा क्रिकेट खेलने पर ध्यान देने की जरूरत है ..."*
19. नवंबर, 2017 में दो याचिकाकर्ताओं, मेरे और शांतनु गुहा रे द्वारा भारत के सर्वोच्च न्यायालय में एक विस्तृत रिट याचिका (सिविल) दायर की गई थी, जिसमें गणितीय और तार्किक साक्ष्यों सहित कई सबूतों के द्वारा अंतर्राष्ट्रीय और लीग क्रिकेट में संस्थागत फिक्सिंग के अस्तित्व को प्रमाणित और स्थापित किया गया था, और माननीय न्यायालय से अनुरोध किया गया था कि आवश्यक जांच के आदेश देकर कार्रवाई करें और बड़े पैमाने पर सार्वजनिक धोखाधड़ी को रोकने के लिए आवश्यक कदम उठाएं। यह बताया गया था कि वर्षों तक भारत के राष्ट्रपति सहित सभी अधिकारियों द्वारा कार्रवाई करने में विफल रहने के बाद यह याचिका आवश्यक हो गयी थी। (मैं ही जानता हूँ मेरे लिए यह याचिका दायर करना कितना कठिन रहा था और कैसे इसे अंजाम दिया गया।)
20. पहली सुनवाई 2/2/2018 को हुई और अंतिम आदेश भारत के माननीय सर्वोच्च न्यायालय द्वारा 7/5/2018 को पारित किया गया। अनुवर्ती कार्रवाई के रूप में, याचिकाकर्ताओं ने 17/7/2018 को नई दिल्ली में श्री विनोद राय की अध्यक्षता में बीसीसीआई के लिए प्रशासकों की समिति के साथ बैठक की।
21. अक्टूबर, 2018 में, अल जजीरा इन्वेस्टिगेटिव यूनिट की नवीनतम डॉक्यूमेंट्री, 'क्रिकेट्स मैच-फिक्सर्सः द मुनव्वर फाइल्स' में, एक भारतीय मैच फिक्सर

द्वारा एक कुख्यात बुकी को, टेस्ट मैचों सहित 15 अंतर्राष्ट्रीय मैचों में स्पॉट फिक्स के विवरण के बारे में, फोन करने की रिकॉर्डिंग शामिल थी।

मैच फिक्सर ने कुल 26 भविष्यवाणियां कीं, जिनमें से एक को छोड़कर सभी सटीक निकलीं।

सभी स्पॉट फिक्स में सत्र फिक्स थे, जिनमें भविष्यवाणी होती थीं कि छह, आठ या 10 ओवर के विशिष्ट सत्र में क्या होगा।

22. बीसीसीआई के लिए प्रशासकों की समिति ने याचिका पर सुप्रीम कोर्ट के आदेश के अनुसार 23 अक्टूबर, 2018 को अपनी दिनांक 22 अक्टूबर, 2018 की रिपोर्ट दाखिल की, और मेरे द्वारा दिनांक 14/11/2018 का एक विस्तृत प्रत्युत्तर उन्हें और सर्वोच्च न्यायालय को भेजा गया। प्रत्युत्तर में यह पूरी तरह से उजागर हो गया कि श्री विनोद राय की अध्यक्षता वाली समिति बैठक के दौरान किए गए अपने वादों से कैसे मुकर गई थी ताकि बड़े पैमाने पर अपराध बिना रुके जारी रह सकें। **इसके बाद भारत के सर्वोच्च न्यायालय सहित सभी ने मानो पूरी तरह से बहरा होने का प्रण कर लिया।**

23. नवंबर 2018 में, उस समय 72 वर्षीय पूर्व शीर्ष भारतीय गेंदबाज और कप्तान बिशन सिंह बेदी ने आईपीएल (इंडियन प्रीमियर लीग) के बारे में सार्वजनिक रूप से यह कहा था, **"मुझे क्रिकेट का बहुत अनुभव है, आप बता सकते हैं कि किस मैच में क्या हो रहा है। अगर हम देख कर भी अंधे बने रहें, तो यह हमारी मर्जी है।"** बेशक, उन्होंने आईपीएल के बारे में जो कहा वह दुनिया भर में कई अन्य समान लीगों और अंतर्राष्ट्रीय मैचों पर भी लागू होता है। अन्यथा भी, शायद आज आईपीएल से ज्यादा क्रिकेट की संस्था का प्रतिनिधित्व और कोई नहीं करता है। इसमें कई राष्ट्रीय कप्तान भाग लेते हैं। इसे क्रिकेट का मक्का कहा जा सकता है। अगर यह एक तमाशा है, तो क्या कहीं और क्रिकेट बेहतर हो सकता है?

24. 30 मई, 2020 को, इंडियन एक्सप्रेस, एक प्रमुख भारतीय अंग्रेजी दैनिक, ने यह रिपोर्ट दी: 'दिल्ली पुलिस को दिए अपने खुलासे के बयान में, 2000 हैंसी क्रोन्ये मैच फिक्सिंग मामले के मुख्य आरोपी संजीव चावला ने कहा है कि "कोई भी क्रिकेट मैच निष्पक्ष रूप से नहीं खेला जाता है" और "... सभी क्रिकेट मैच जो लोग देखते हैं, वे फिक्स हैं"। उन्होंने "एक बहुत बड़े सिंडिकेट / अंडरवर्ल्ड माफिया" की संलिप्तता की ओर भी इशारा किया, जो सभी क्रिकेट खेलों को प्रभावित करता है, जो उनके अनुसार, "फिल्में जो पहले से ही किसी के द्वारा निर्देशित की जा रही हैं" की तरह थे।

बयान में, जो अदालत में प्रस्तुत एक पूरक आरोपपत्र का हिस्सा है, लेकिन उस पर आरोपी के हस्ताक्षर नहीं हैं, चावला ने पुलिस के सामने खुलासा किया कि सिंडिकेट ने मामले के जांच अधिकारी डीसीपी (अपराध शाखा) डॉ. जी राम गोपाल नाइक को अपने निशाने पर लिया था और उसकी जान को ख़तरा था।

नई दिल्ली में जन्मे और लंदन के कथित सट्टेबाज ने कबूल किया कि वह कई सालों से मैच फिक्सिंग में शामिल था, उसने कहा कि वह अधिक विवरण नहीं दे सकता क्योंकि "इस मामले में एक बहुत बड़ा सिंडिकेट/अंडरवर्ल्ड माफिया शामिल है और वे खतरनाक लोग हैं और अगर वह कुछ भी कहता है तो वे उसे मार डालेंगे।"'

25. 18 जून 2020 को, भारत में NDTV ने बताया कि श्रीलंका ने 2011 विश्व कप फाइनल भारत को बेचा, देश के पूर्व खेल मंत्री ने गुरुवार को क्रिकेट के सबसे विस्फोटक मैच फिक्सिंग विवादों में से एक को पुनर्जीवित करते हुए कहा। महिंदानंद अलुथगामगे, जो उस समय खेल मंत्री थे, 1996 के विश्व कप विजेता कप्तान अर्जुन रणतुंगा के बाद फाइनल फिक्स होने का आरोप लगाने वाले दूसरे वरिष्ठ व्यक्ति हैं। "मैं आज आपको बताता हूं कि हमने 2011 विश्व कप फाइनल बेच दिया," अलुथगामगे ने सिरासा टीवी को बताया। "जब मैं खेल मंत्री था, तब भी मैं इस पर विश्वास करता था।"' (बाद में श्रीलंका सरकार द्वारा जांच शुरू होने के तुरंत बाद इसे छोड़ देना पूरी बात को और अधिक हास्यास्पद बनाता है)।

26. मेरे द्वारा सीओए, बीसीसीआई (जैसा कि ऊपर क्रमांक 22 में उल्लेख किया गया है) को प्रत्युत्तर के बाद की कार्यवाही और उसके बाद भारत के सर्वोच्च न्यायालय की गलत करनी (इसे सबसे हल्के ढंग से कहते हुए) को मेरे द्वारा सितंबर, 2020 में प्रकाशित पुस्तक 'वी द ऊड्ल्स (We the Oodles)' में अच्छी तरह से प्रलेखित और लिपिबद्ध किया गया था। भारत के शक्तिशाली सर्वोच्च न्यायालय पर खुलेआम आरोप लगाने वाली पुस्तक की प्रति अक्टूबर, 2020 की शुरुआत में सभी अधिकारियों और मीडिया के साथ उस माननीय न्यायालय को निष्ठापूर्वक भेजी गई थी (वह संचार भी सार्वजनिक रूप से मेरी अगली पुस्तक 'व्हाट इज किलिंग अस... कोविड ओर स्टुपिडिटी?' में प्रलेखित है), लेकिन अदालत और अन्य सभी ने आज तक चुप्पी साधे रखी है (हम अब 2022 के उत्तरार्ध में हैं)। यह किसी भी वस्तुनिष्ठ मन के लिए उस पुस्तक की सामग्री को निर्विवाद और अजेय

बनाता है। जो भारत के सर्वोच्च न्यायालय की शक्ति और कद को जानता और समझता है, वह इसे बेहतर तरीके से महसूस करेगा। भारत का वह शक्तिशाली सर्वोच्च न्यायालय 'वी द ऊडल्स' पुस्तक के माध्यम से पूरी तरह से अनावृत और रक्षाहीन है। और निश्चित रूप से वह पुस्तक पिछले अध्याय में बताए गए विषय क्रिकेट की वास्तविकता को और अधिक विशद विवरण और प्रमाणों के साथ सामने लाती है।

27. क्रिकेट इनसाइडर की भविष्यवाणी, जैसा कि ऊपर क्रमांक 17 में बताया गया है, जैसा ही कुछ 4 मार्च, 2022 को @Quick_Single के एक ट्वीट के माध्यम से फिर से हुआ, असल खेल से लगभग 12 घंटे पहले: 'कोहली अपने 100वें टेस्ट में 100 स्कोर नहीं करेंगे। 4 भव्य कवर ड्राइव के साथ 45 (100) स्कोर करेंगे और फिर एम्बुलडेनिया उसके स्टंप्स गिरायेगा और वह चौंकने का नाटक करेंगे और निराशा में अपना सिर हिलाएंगे।' वास्तव में, यह उस क्रिकेट इनसाइडर के ट्वीट से कुछ कदम आगे था। इस बार खिलाड़ी की प्रतिक्रिया की भी भविष्यवाणी की गई थी। फिर से, इसे मीडिया में संक्षिप्त रूप से रिपोर्ट किया गया और जल्दी से भुला दिया गया जैसे कि यह कोई खास बात नहीं, संयोगवश की गई भविष्यवाणी हो। **केवल पूरी तरह से असंवेदनशील मूर्ख ही इसे ऐसा कह या समझ कर दरकिनार कर सकते हैं।**

हर किसी को खुद से यह सवाल पूछना चाहिए, 'क्रिकेटिंग की दुनिया और मीडिया उपरोक्त सभी के बारे में चुप क्यों हैं, और ये आगे कुछ भी क्यों नहीं कर रहे हैं?' मीडिया में संजीव चावला के बारे में तब तक कुछ चर्चा हुई जब तक कि उन्हें भारत वापस नहीं लाया गया और उन्होंने ऊपर दिए गए सीरियल 24 में बताया गया चौंकाने वाला खुलासा नहीं किया। लेकिन उसके बाद, जैसा कि किसी ने भी उम्मीद की होगी, उस खुलासे का अनुसरण करने के बजाय, मीडिया और दुनिया आसानी से संजीव चावला के अस्तित्व के बारे में भूल गए और पूरी तरह से शांत हो गए, ताकि क्रिकेट का विलक्षण कठपुतली शो बिना रुके जारी रह सके। और हम उस मीडिया और दुनिया की बात कर रहे हैं जो अन्यथा हमेशा तिल से ताड़ बनाने के लिए उत्सुक रहते हैं। यह वही मीडिया है जो स्पॉट फिक्सिंग के कुछ अलग-अलग छुट-पुट मामलों को सुर्खियां बनाता है। **सभी मैचों के फिक्स होने और फिल्म की तरह स्क्रिप्टेड होने की बात का इसके लिए कोई मतलब या मूल्य नहीं है!! मानव दुनिया कितनी वाहियात और बेतुकी हो सकती है!**

चाहे आप क्रिकेट पर सट्टा करते हैं या नहीं, आपकी क्रिकेट में कोई दिलचस्पी है या नहीं, आप किसी भी पेशे, क्षेत्र, देश, धर्म या विचारधारा से सम्बन्ध रखते हों, **यदि उपरोक्त जानने के बाद भी आपके दिमाग में क्रिकेट की असलियत के बारे में कुछ भी शुबह या संदेह रहता है, या आपके दिमाग में इस तरह के प्रश्न उठते हैं कि यह या वह मैच फिक्स है या नहीं, तो आप अवश्य ही मूर्खता के लिए नोबल पुरस्कार के प्रबल दावेदार और हकदार हैं।** यह निर्विवाद सिद्ध है कि क्रिकेट गेंद दर गेंद स्क्रिप्टेड है, किसी भी अगर मगर से परे। यह सही है कि ऐसे बहुत प्रश्न और बातें आपके दिमाग में जब तब आते रहेंगे जो आपको उपरोक्त को भुला कर क्रिकेट को एक प्रतिस्पर्धी खेल मानने के लिए प्रेरित करेंगे, क्योंकि ऐसा हो इसलिए बहुत ताकतें दशकों से लगातार प्रयासरत हैं, एक विशाल मीडिया और सैंकड़ों सेलिब्रिटी क्रिकेटर व क्रिकेट पत्रकार आपके दिमाग में यह घुसाए रखने के लिए सालों सालों से चौबीसों घंटे कार्यरत हैं, परन्तु प्रत्यक्ष को अनदेखा करना आपकी अपनी गलती होगी। **विश्व में करोड़ों सट्टेबाजों की अज्ञानता का फायदा उठा कर क्रिकेट-माफिया रोज कई बिलियन डॉलर कमाता है। मीडिया और कमेंटेटरों का महाकाय प्रपंच उसी की सहायता के लिए है।**

ऊपर, सभी सबूत सूचीबद्ध नहीं किये गए हैं, किये भी नहीं जा सकते। मेरी कई पुस्तकों में विश्व कप मैचों सहित कई महत्त्वपूर्ण मैचों की फिक्सिंग और अन्य साक्ष्यों का जो हवाला है, वह सूची से बाहर है। दुनिया उस पर भी मौन रही है। सूचीबद्ध उदाहरणों में से प्रत्येक की तार्किक निष्कर्ष तक जांच की जानी अनिवार्य थी, क्रिकेट जगत या अन्य अधिकारियों द्वारा उपरोक्त में से किसी को भी नजरअंदाज नहीं किया जा सकता था। ऊपर एक सवाल उठाया गया था - हर किसी को खुद से यह सवाल पूछना चाहिए, 'क्रिकेटिंग की दुनिया और मीडिया उपरोक्त सभी के बारे में चुप क्यों हैं, और ये आगे कुछ भी क्यों नहीं कर रहे हैं?' इस प्रश्न का एक और केवल एक ही उत्तर हो सकता है और वह उत्तर है **'जिम्मेदार पदों पर वे सभी जिनसे खेल को साफ करने की या खेल को साफ देखना चाहने की उम्मीद की जाती है, वे सब स्वयं क्रिकेट में निरंतर फिक्सिंग का हिस्सा हैं, अगर वे कल्पना से परे निरे बेवकूफ नहीं हैं। सब कुछ उनकी जानकारी में और मर्जी से होता है।'** उनके लगातार लाइलाज अंधेपन का पृथ्वी पर कोई दूसरा कारण नहीं हो सकता। **आप, एक क्रिकेट सट्टेबाज होने के नाते, अंधे होने का विकल्प नहीं चुन सकते, जैसा होना बाकी दुनिया ने स्वेच्छा से चुना है।**

जैसा कि पिछले अध्याय में भी कहा गया है, राष्ट्रों और प्राधिकारी वर्ग द्वारा खुल्लम-खुल्ला किये जा रहे ऐसे विशाल अपराध के निहितार्थ अंतर्राष्ट्रीय स्तर पर भी बहुत ज्यादा विस्फोटक हैं-इसका अवश्यम्भावी अर्थ है कि क्रिकेट खेलने वाले सभी देश, **खासतौर से भारत और पाकिस्तान, गुपचुप मित्र हैं,** क्योंकि वे सब एक समझ से परे बहुत बड़े अपराध में सहापराधी हैं। लेकिन दुर्भाग्य! दुष्परिणाम भुगतने वाली जनता ने भी अँधा और बहरा बनना ही चुना है!

यह भी सोचने की कोशिश करें कि क्या यह संभव है कि वही खिलाड़ी आपस में कुछ मैच फिक्स करके खेलते हैं और अन्य मैचों के लिए जमकर प्रतिस्पर्धा करते हैं, या मैच का एक हिस्सा फिक्स के रूप में खेलते हैं और बाकी मैच में प्रतिस्पर्धा करते हैं? आंशिक फिक्सिंग जैसा कुछ हो ही नहीं सकता, किसी मैच में जरा सी भी फिक्सिंग पूरे मैच के नतीजे को प्रभावित करेगी ही; दूसरे यदि कुछ खिलाड़ी गुप्त रूप से गलत काम कर रहे हैं, तो क्या वे साथी खिलाड़ियों, टीम प्रबंधन, कोचों, कमेंटेटरों और क्रिकेट विशेषज्ञों की निगाह से बच सकते हैं, तब जब खेल होता है या बाद में जब रिकॉर्डिंग देखी जाती हैं और उनका विश्लेषण किया जाता है? इसमें से कुछ भी कुछ साबित करने के लिए नहीं कहा जा रहा, केवल आपको सोचने और समझने के लिए यह उल्लेख किया गया है। सबूत, बहुत अधिक, पहले से ही लगभग एक दशक से सार्वजनिक डोमेन में हैं! **अगर पूरी दुनिया ने सुपर इडियट बन के रहना चुना है, तो यह मेरी या किसी और की गलती नहीं हो सकती है!**

आज किसी को भी इन सब सबूतों को समझने और अपने दिमाग पर जोर डालने की जरूरत नहीं है। आज किसी को सब समझने के लिए यह पर्याप्त होना चाहिए कि पूरी दुनिया इन सभी सबूतों का वर्षों से सामना कर रही है, लेकिन बेशर्मी से और नपुंसकता वश चुप रही है। ICC और BCCI सहित, दुनिया में किसी ने भी कभी भी उपरोक्त में से किसी का भी विरोध करने के लिए एक भी तार्किक शब्द नहीं कहा, क्योंकि किसी के पास कहने को न कभी कुछ था, न है; तब भी नहीं था जब विस्तृत याचिका भारत के सर्वोच्च न्यायालय के विचाराधीन थी। **दुनिया जो कर सकती थी और कर रही है, वह है सब कुछ अनदेखा करते हुए विशाल धोखाधड़ी को बड़े पैमाने पर जारी रखना, क्योंकि कोई सवाल पूछने के लिए कोई प्राधिकारी या सेलिब्रिटी कहीं नहीं है। यहां तक कि भारत का सर्वोच्च न्यायालय भी आंखें बंद करके खुश है।**

सर्वोच्च न्यायालय का अँधा बहरा बनना, मामूली सी भी सामान्य समझ वाले आम आदमी के लिए किसी भी संदेह से परे सब कुछ साबित करता है। समय की परीक्षा से बड़ी कोई परीक्षा नहीं है।

आज, अल जजीरा अपनी कहानी भूल गया होगा और कुछ दबाव/प्रभाव में या अन्यथा इसका पीछा नहीं किया होगा, संजीव चावलाओं को गुमनामी में भेज दिया गया होगा; क्रिकेट की दुनिया या नौकरशाही से सभी व्हिसलब्लोअर क्रिकेट के बारे में चुप हो गए होंगे, **लेकिन क्रिकेट की वास्तविकता के बारे में निर्विवाद सबूत, आने वाले युगों के लिए वी द ऊडल्स और 'व्हाट इज किलिंग अस... कोविड ओर स्टुपिडिटी?' किताबों में और उनमें उल्लिखित पिछले एक दशक की कुछ पुस्तकों में मजबूती से लिपिबद्ध हैं।** क्रिकेट सट्टेबाज इस मामले में कोई संदेह करने का खतरा नहीं उठा सकते।

एक और सवाल है जो कोई खुद से पूछ सकता है? ऐसा क्यों है कि कोई मुझसे सवाल नहीं कर रहा है, हालांकि मैं पिछले कई सालों से बार-बार पूरे क्रिकेट जगत, सैकड़ों बड़े नामों, प्रधान मंत्री और भारत के राष्ट्रपति के कार्यालय और यहां तक कि भारत के सर्वोच्च न्यायालय सहित सभी प्रतिष्ठानों की सरेआम कलई खोलता रहा हूं कि सीधे या परोक्ष रूप से वे सब सट्टा-माफिया की गिरफ्त में हैं। **जवाब सीधा है; उनके पास कहने को कुछ भी नहीं है, खड़े होने को कोई आधार उनके पास नहीं है; यदि वे कुछ भी मुँह खोलेंगे तो उनके पाप सार्वजनिक रूप से ज्ञात हो जाएंगे; जनता सभी वास्तविकता के बारे में अधिक से अधिक जागरूक हो जाएगी। और यही वह है जो वे बर्दाश्त नहीं कर सकते! उनके लिए एकमात्र उपलब्ध विकल्प है कि वे चुप रहें और पूरी मनमानी करते रहें। वे ठीक यही करते रहे हैं।**

ऐसी दो चीजें हैं जो सामान्य प्राणियों की कल्पना या समझ से भी परे हैं, जो इसी दुनिया में पले-बढ़े हैं। एक, हाथी (वह भी एक अपर्याप्त विशेषण होगा) जैसी विशालकाय सार्वजनिक धोखाधड़ी दुनिया की लगभग आधी शक्ति की मिलीभगत से इतने खुले तौर पर वर्षों से जारी है। **दूसरा, शायद अधिक अविश्वसनीय, कि एक व्यक्ति, किसी भी आम आदमी जैसा कमजोर और असुरक्षित, अकेला, अपने घर बैठ कर, सैंकड़ों महा-शक्तिशाली लोगों और भारत के सर्वोच्च न्यायालय सहित शक्तिशाली प्राधिकारियों को इस कदर और ऐसे अकाट्य, सशक्त और सुस्पष्ट दस्तावेजों के साथ बेनकाब करने में सक्षम हुआ कि आज उनके पास कोई बचाव नहीं है! सैकड़ों दिग्गज क्रिकेटरों और क्रिकेट विशेषज्ञों के पास भी नग्न राजाओं के रूप में घूमते हुए खुद को ढंकने के लिए कुछ भी नहीं है!**

मैं यह सब, आपको वास्तविकता पूरी तरह से समझ आ जाए, इसलिए कह रहा हूं, क्योंकि क्रिकेट के सट्टेबाज होने के नाते आपके लिए यह मन में गहराई

तक बिठाना बेहद जरूरी है। आपको यह समझना होगा कि क्रिकेट मैचों और खिलाड़ियों के बारे में हर दिन सैकड़ों मुद्रित कॉलमों में, इलेक्ट्रॉनिक मीडिया में, विभिन्न खेल चैनलों में चौबीसों घंटे, जो भी कहा जाता है बंकम के अलावा और कुछ नहीं है, सब पूरी तरह से बकवास है; क्योंकि इन सब बातों में अनिवार्य रूप से निहित प्रतिस्पर्धी क्रिकेट की धारणा पूरी तरह से गलत है, अस्तित्वहीन है। तदनुसार, क्रिकेट से संबंधित किसी भी मामले के बारे में लिखी गई सभी पुस्तकों (क्रिकेट के तकनीकी ज्ञान से सम्बंधित पुस्तकों को छोड़ दीजिये), विशेष रूप से पिछले कुछ दशकों के दौरान, में झूठ के कई या कुछ तत्व होना लाजमी है। **क्रिकेट से जुड़े सभी लोग एक झूठा और नकली अस्तित्व जी रहे हैं!**

यह संयोग से है कि हाल ही में क्रिकेट सट्टेबाजी पर पुस्तकों की खोज करते हुए निम्नलिखित लिंक मेरी नजर में आया:

https://www.itsonlycricket.com/best-books-on-cricket-betting
इसमें वर्षों पहले लिखी गई मेरी एक किताब भी इन टिप्पणियों के साथ उल्लेखित है:

'"आल क्रिकेट मैचेज आर फिक्स्ड (All Cricket Matches are Fixed)"

यह एक बहुत ही साहसिक बयान है और लेखक, अतुल कुमार, विश्लेषण और तथ्यों के साथ इसका समर्थन करते हैं। वह इसे बड़े समर्पण और विस्तार के साथ करते हैं और बहुतेरे लोगों के लिए पूरी किताब में जो ठोस निष्कर्ष हैं उन पर बहस करना मुश्किल होगा।

बेशक, यह सुझाव कि सभी क्रिकेट मैच फिक्स होते हैं, खेल जगत में व्यापक रूप से साझा नहीं किया जाता है। यह पुस्तक जो निष्कर्ष निकालती है वह यह है कि लोगों को क्रिकेट सट्टेबाजी से बचना चाहिए। फिर, बहुत से सट्टेबाज उस दृष्टिकोण का समर्थन नहीं करेंगे, लेकिन यह पुस्तक इसमें किये गए साहसिक दावों के लिए पढ़ने योग्य है।'

मुझे इस वेबसाइट के बारे में या मिस्टर मैट हैरिस के बारे में तब तक पता नहीं था, जब तक कि ऊपर बताए अनुसार इस पर मेरा ध्यान नहीं गया। इसने मुझे सुखद रूप से चौंका दिया कि सात समंदर पार, इस विषय के किसी जानकार ने (श्री पुलकेश मुखोपाध्याय के अलावा) वस्तुनिष्ठ रूप से पुस्तक की सामग्री (मुझे नहीं पता कि कब) का अध्ययन किया था, उसे समझा था और उसकी सराहना की थी।

मुझे लगता है कि समग्र परिप्रेक्ष्य को देखते हुए श्री मैट हैरिस इससे अधिक सटीक, संक्षिप्त और ईमानदार नहीं हो सकते थे। 'वह इसे बड़े समर्पण और विस्तार के साथ करते हैं और बहुतेरे लोगों के लिए पूरी किताब में जो युक्तियुक्त ठोस निष्कर्ष हैं उन पर बहस करना मुश्किल होगा' अपने आप में एक बहुत बड़ा और साहसिक कथन है, जो उनकी ओर से आया है। निस्संदेह, यह मेरे लिए काफी संतोषजनक रहा है, क्योंकि पुस्तक में कई कोणों से बहुत कुछ कहा गया है। उस समय के बड़ी संख्या में अंतर्राष्ट्रीय और आईपीएल मैचों को इस किताब में शामिल किया गया था। क्रिकेट जगत और वैश्विक मीडिया मिस्टर हैरिस के इस तरह के एक बयान और श्री पुलकेश मुखोपाध्याय द्वारा वर्षों पहले पुस्तक की समीक्षा के बाद भी, पुस्तक की सामग्री को देखते हुए, हर चीज को खुशी से अनदेखा कर रहा है! **ICC, BCCI और अन्य क्रिकेट बोर्ड स्थायी नींद में चले गए हैं!** यहां तक कि मेरे द्वारा हाल ही में एक सख्त ईमेल भी उन्हें जरा भी उत्तेजित नहीं कर सका।

यह वही किताब है (बदले हुए शीर्षक के साथ पुनर्प्रकाशित) जिसकी चर्चा ऊपर क्रमांक 10, 11 और 12 में की गई है। तो, तथ्य यह है कि अब लगभग एक दशक से, दुनिया को सभी सबूतों के साथ स्पष्ट रूप से बताया गया है कि क्रिकेट पूरी तरह से और संस्थागत रूप से स्क्रिप्टेड और फिक्स्ड था; महान बुद्धिजीवियों, गणितज्ञों, क्रिकेट के दिग्गजों आदि से भरी पूरी दुनिया के पास न तो कोई जवाब कभी था और न ही कोई जवाब है; और फिर भी पूरी बेशर्मी के साथ एक खुलेआम धोखाधड़ी और अपराध जारी है! **मेरे विचार से यह बात धोखाधड़ी से कहीं अधिक परेशान करने वाली है।**

कैसे लाखों जिम्मेदार लोगों और अधिकारियों से भरी दुनिया, जिसमें नेताओं, अधिकारियों, कानून-प्रवर्तकों और न्यायपालिका के सदस्यों की भीड़ शामिल है, एक दिन में दसियों बिलियन डॉलर से अधिक की पूरी तरह से उजागर धोखाधड़ी के जारी रहने पर चुप रही है (मौद्रिक मूल्य की गणना बाद के अध्यायों में की गई है)? लोग न केवल चुप रहे हैं, बल्कि धोखेबाजों को हीरो और सुपर हीरो के रूप में सम्मानित करते रहे हैं। ऐसा कुछ दिनों से नहीं, बल्कि पूरे एक दशक से हो रहा है। **इस वास्तविकता पर विश्वास करना भावी पीढ़ियों के लिए असंभव नहीं तो बहुत कठिन होगा!**

प्रारंभिक पर्दाफाश, जहाँ किसी भी अगर और मगर के लिए कोई जगह न है, न थी, लगभग एक दशक पहले किया गया था। बीच के वर्षों में अधिक से अधिक साक्ष्य और उस पर्दाफाश की पुष्टि समय-समय पर सामने आते रहे हैं।

एक क्रिकेट सट्टेबाज के रूप में, किसी भी सट्टेबाजी में शामिल होने से पहले, सबसे पहले क्रिकेट की इस वास्तविकता को आत्मसात करना बहुत आवश्यक है।

इन सबसे ऊपर, अब सब कुछ बहुत खुला है, दुनिया निश्चित रूप से बहुत मूढ़ हो गई है, जैसा कि हम 'टिपस्टर्स और उनका खेल' अध्याय में देखेंगे।

यदि उपरोक्त आपको यह समझने में मदद नहीं करता है कि कौनसी चीज क्या है और इस पुस्तक को समाप्त करने के बाद भी आपको क्रिकेट की वास्तविकता के बारे में किंचित मात्र संदेह रहता है, तो आपको पिछले अध्याय में उल्लिखित पुस्तकों और उनमें दिए गए संदर्भों को भी पढ़ना समझना पड़ सकता है। और अगर उसके बाद भी आपको क्रिकेट की वास्तविकता पर संदेह है, तो आपको क्रिकेट पर दांव लगाना बंद कर देना चाहिए या सट्टेबाजी के सिंडिकेट के पक्ष में जल्द ही अपना धन खोने के लिए तैयार रहना चाहिए।

क्या यह बहुत बेतुका नहीं है, अगर उपरोक्त सभी के बावजूद, कोई किसी मैच के फिक्स होने का सबूत मांगता है? **एक बार जब यह किसी भी संदेह से परे स्थापित हो जाता है कि एक महासागर पूरी तरह से दूषित है, तो इसका एक छोटा सा हिस्सा दूषित होने का सबूत मांगने का क्या मतलब है?** अगर इसमें कुछ भी समझदारी है, तो कुछ भी बेमानी नहीं है। क्या आवश्यक है? सबसे पहले और सबसे महत्त्वपूर्ण है स्थापित संदूषण से निपटने के लिए कार्रवाई करने के लिए कहना, या अर्थहीन, पूरी तरह से बकवादी बातों में लिप्त रहना?

सोचिये कि यह इस पृष्ठभूमि में है कि क्रिकेटर, दिग्गज या जो दिग्गज नहीं हैं, हमें टीवी चैनलों और प्रेस कॉन्फ्रेंस के माध्यम से अपनी सोच, रणनीतियों आदि के बारे में हर तरह की बातें बताते हैं, जब कि दशकों से उनके लिए पूरा खेल केवल किसी और के द्वारा लिखी गयी गेंद-दर-गेंद स्क्रिप्ट निष्पादित करने का रहा है, साथ ही साथ अपनी ही दुनिया के लाखों-करोड़ों पुरुषों और महिलाओं को अपने शानदार दोष-रहित अभिनय से लगातार बेवकूफ बनाना।

लगभग एक सदी पहले अल्बर्ट आइंस्टीन ने, किसी और ने नहीं, कहा था कि मानव मूर्खता अनंत है। **संभवतः उन सभी ने अनंत मूर्खता को भी पीछे छोड़ दिया है, जो क्रिकेट और क्रिकेट मैचों के बारे में कॉलम लिख रहे हैं या पिछले एक दशक से कहीं भी इनके बारे में बात कर रहे हैं, चीजों के निष्पक्ष होने की अंतर्निहित धारणा के साथ।** शायद यही बात उन सभी पर भी लागू होती है जो इस तरह के लेखन या वार्ता में विश्वास करते रहे हैं!! लेकिन दुनिया के क्रिकेट सट्टेबाज बेवकूफ बनना अफ्फोर्ड नहीं कर सकते!

दुनिया ऐसे लोगों से भी भरी हुई है जो अपनी आँखों पर मोटी काली पट्टी बाँध कर दूसरों से किसी चीज या बात के लिए प्रमाण मांगते हैं या दिखाने को कहते हैं। मैंने पिछले कई सालों में बहुत से बुद्धिजीवियों के साथ बातचीत या व्यवहार में यह अनुभव किया है। ऐसे भी बहुतेरे हैं जिन्हें सही बात समझ आने के बाद भी प्रमाण की आवश्यकता होती है। और ऐसे लोगों की तो कोई कमी नहीं है जो स्वयं को क्रिकेट और उसमें फिक्सिंग का विशेषज्ञ समझते हैं- अधिकांश पत्रकार इस श्रेणी में आएंगे-क्रिकेट पे सट्टे के बारे में कुछ जाने बिना या जानने की चेष्टा किये बिना, सट्टा जो फिक्सिंग को नियंत्रित करता है।

हां, यह सच है कि क्रिकेट की सच्चाई को समझने के बाद भी कुछ बहुत ही प्रासंगिक और चक्कर में डालने वाले सवाल अनुत्तरित रह जाते हैं। दुनिया भर में इतने सारे (सैकड़ों) मशहूर हस्तियां और प्रतीत होते पूरी तरह से सज्जन पुरुष, ऐसे पुरुष और महिलाएं जो घरेलू नाम हैं, किसी भी जाति, धर्म या राष्ट्रीयता के, इस तरह की एक विशाल धोखाधड़ी और झूठे और बीमार अस्तित्व को कैसे स्वीकार करते हैं? मैं सिर्फ क्रिकेटरों या पूर्व क्रिकेटरों की बात नहीं कर रहा हूं, बल्कि कई क्रिकेट पत्रकारों और मीडिया कर्मियों और संपादकों के अलावा अन्य हस्तियों और राजनीतिक नेताओं की भी बात कर रहा हूं। **क्या वे केवल पैसे और झूठी महिमा के लिए जीते हैं?**

क्रिकेट के मैदानों में होने वाले कठपुतली तमाशों की कार्य-प्रणाली क्या है? खिलाड़ियों को पहले से कैसे पता होता है कि प्रत्येक गेंद का क्या परिणाम होना है (क्षेत्ररक्षक सहित मैदान पर सभी खिलाड़ियों को पता होना जरूरी है); वे उस परिणाम को कैसे सुनिश्चित करते हैं? यह सच है कि अगर दोनों पक्षों के खिलाड़ी मिल कर एक टीम के रूप में खेल रहे हैं, तो यह बहुत मुश्किल नहीं होगा; फिर भी यह बच्चों का खेल नहीं है। यह भी सच है कि किसी गेंद का नियोजित परिणाम कभी कभार किन्हीं भी कारणों से प्राप्त नहीं भी हो सकता है, लेकिन इसे सत्र, ब्रैकेट और अन्य फैंसी सट्टेबाजी में सट्टेबाजी सिंडीकेट की सफलता के लिए अधिकांशतः हासिल किया ही जाता है। वास्तव में, यदि ऐसा नहीं होता, तो सत्र सट्टेबाजी अस्तित्व में ही नहीं होती। यह बहुत सरल बात है, अगर कोई सत्र सट्टेबाजी को समझता है और सामान्य समझ को लागू कर सकता है, अपने दिमाग को उसे भ्रमित करने के लिए बनाए गए छलावरण से मुक्त रखते हुए। जो नहीं जानते हैं, उनके लिए हम अगले अध्याय में संक्षेप में देखेंगे कि सेशन और ब्रैकेट बेटिंग (सत्र सट्टेबाजी) क्या हैं।

यदि हम कार्यप्रणाली की बात करते हैं, तो एक बात बहुत आवश्यक प्रतीत होती है। बल्लेबाज को पहले से यह पता होना आवश्यक होना चाहिए कि उसे कैसी गेंद मिलने वाली है, अन्यथा हर गेंद का स्क्रिप्टेड नतीजा होना शायद संभव न हो। यह कैसे किया जाता होगा, हमारे लिए अनुमान का विषय है। एक मुमकिन जवाब यह है कि गेंदबाज संकेत भाषा द्वारा बल्लेबाज को बताते होंगे। इस विशाल कठपुतली शो से सम्बंधित लोग ही पूरी सच्चाई को जानते हैं।

कठपुतली शो की कार्य-प्रणाली की अज्ञानता को इस तर्क के रूप में उद्धृत करना कि क्रिकेट स्वच्छ है, किसी के लिए भी बहुत मूर्खता होगी। **एक हत्या के तौर-तरीकों की अज्ञानता उस लाश के अस्तित्व को नकार नहीं सकती जो हर किसी के देखने के लिए सहज ही उपलब्ध है।** यह कुछ ऐसा ही है। कई बार पुलिस को कातिल से ही काम करने का तरीका पता चलता है। **यहां लाशें दुनिया के सामने आ चुकी हैं और हत्यारे भी बखूबी ज्ञात हैं। लेकिन उनसे पूछताछ करने वाला कोई पुलिस वाला नहीं है। जाने-माने हत्यारों को एक दिन या एक महीने के लिए नहीं बल्कि दशकों तक सीरियल किलिंग जारी रखने की खुली छूट दी गई है! हर गुजरते दिन, बल्कि हर गुजरते पल में लाशें इकट्ठी होती रही हैं! लेकिन ये कुछ खास लाशें हैं। जनता इन सड़ती लाशों से निकलने वाली बदबू को महसूस नहीं करती है, बल्कि ढेर सारी लाशों की महक का आनंद लेती है।**

दुनिया न केवल सीरियल किलरों की जय-जयकार करती है, बल्कि लगभग उनकी पूजा करती है! उन्हें करने दीजिये, लेकिन क्रिकेट के सट्टेबाजों को अपनी भलाई के लिए सतर्क रहना होगा।

जबकि मैदान में अधिकांश कार्यों का निष्पादन खेल के दिग्गजों के अधीन गहन पूर्व अभ्यास और प्रशिक्षण के साथ प्राप्त किया जा सकता है (भले ही खेल के करोड़ो चलते-फिरते अनुयायी इसे न समझें), कुछ उदाहरण चकित करते हैं। जैसे गेंद स्टंप्स से टकराती है और बेल नहीं गिरतीं! क्या यह भी कुछ बाजीगरी के माध्यम से हासिल किया जाता है या ये विपथन (एबरेशंस) हैं जो स्वाभाविक रूप से कई बार होते हैं और नियोजित लिपियों को ऐसी गड़बड़ी की अनुमति दी जाती है, यदि ऐसा कुछ हो जाता है (सट्टेबाजी की कुल मात्रा को देखते हुए ऐसी गड़बड़ियों से माफिया को होने वाला नुक्सान, यदि होता है, नगण्य होगा)। सट्टेबाजी के सिंडिकेट को इस प्रकार के नगण्य नुकसान उन्हें यह कहने का एक बड़ा मौका देते हैं, 'देखो, ऐसी चीजों को कैसे स्क्रिप्ट किया जा

सकता है? इसलिए, क्रिकेट को पूर्व-निर्धारित नहीं किया जा सकता है।' और यह उन लाखों करोड़ों लोगों को मूर्ख बना देगा जो ज्यादा सोचने की जहमत नहीं उठाते या आम तौर पर हर चीज के लिए बहुत सतही दृष्टिकोण रखते हैं, या कहिये कि मूर्ख बनने के लिए हमेशा तत्पर और उतावले रहते हैं।

वे आसानी से भूल जाएंगे कि, पृथ्वी पर कुछ भी, मारे गए शरीरों के अस्तित्व से इनकार में सहायता नहीं कर सकता है, जो शरीर हर किसी के देखने के लिए हमेशा मौजूद हैं, जो भी आंखें खोलना चाहे। **हत्यारे ही विस्तार से बता सकते हैं कि यह सब क्या, क्यों, और कैसे हो रहा था, पूरी कार्य-प्रणाली क्या है।** उनकी ग्रिलिंग आसानी से पूरा सच सामने ला सकती है, जिससे हमारी सब जिज्ञासा शांत हो सके।

लगभग हर दिन कई बार क्रिकेट की लाश लगातार नजर आती रहती है। यह अधिक आसानी से देखा जा सकता है जब हार्दिक पांड्या के सामर्थ्य (कैलिबर) का क्रिकेटर हाथ में गेंद के साथ विज्ञापन बोर्ड को छूने के लिए, सीमा के अंदर अच्छी तरह से गेंद को पकड़ने के बाद सीमा की ओर दौड़ता है, या जब वह प्रतिद्वंद्वी बल्लेबाज को रन-आउट होने से बचाने के लिए अपने पैरों से स्टंप को तोड़ देता है; और फिर भी उसकी प्रतिद्वंद्वी टीम अपने ऑलराउंडर स्टार ओडियन स्मिथ (8 अप्रैल, 2022 को खेला गया गुजरात टाइटंस और पंजाब किंग्स के बीच आईपीएल-15 का मैच 16) के माध्यम से आखिरी ओवर में हरकिरी (आत्मघात) करके उसकी टीम को जीत दिलाती है।

इस तरह का प्रदर्शन भीड़ के लिए मनोरंजक और रोमांचकारी हो सकता है, लेकिन यह क्रिकेट के तमाशे और इसके द्वारा लगातार अपराध की घोषणा करता है, जैसा कि बिशन सिंह बेदी ने कुछ साल पहले कहा था। **लगभग 10 साल या करीब 3500 दिन पहले उजागर हुई इस वास्तविकता की पृष्ठभूमि में, जब मैं आज भी भोले भाले बच्चों, नौजवानों, और बड़ों को भी क्रिकेट के बारे में विचार विमर्श या तर्क करते देखता हूँ, अखबारों में छपे पृष्ठ और टीवी चैनलों में घंटों चर्चाएं देखता हूँ, मानो हार-जीत के लिए प्रतिद्वंद्वी टीमें खेल रही थीं या खेलेंगी, तो मैं मानव-सभ्यता के विकास और इसमें मीडिया की राक्षसी या दुष्ट भूमिका पर आश्चर्य और अफसोस करने के अलावा और कुछ नहीं कर पाता।** क्योंकि वे कोई दो-चार नहीं हैं, अपितु दुनिया आज भी ऐसे दसियों करोड़ों भोले-भालों और महा-विद्वानों से भरी हुई है!

बाकी सबसे ऊपर, विकेट कीपरों द्वारा स्टंप्स के पास खड़े होने के बाद भी स्पष्ट स्निक (कैच) की अपील नहीं करने की अकथनीय घटनाएँ या एक बल्लेबाज का आउट नहीं होने पर भी उपलब्ध समीक्षा का सहारा लिए बिना खुद को आउट स्वीकार कर लेना, या क्षेत्ररक्षण कप्तानों द्वारा अनावश्यक रूप से समीक्षा बर्बाद करना और प्लंब एलबीडब्ल्यू के लिए समीक्षा का सहारा न लेना, यह सब बहुत असामान्य नहीं है, ये घटनाएं अंतर्राष्ट्रीय और लीग दोनों मैचों में आम हैं। ऐसी घटनाओं के लिए मैदानी अंपायरों की गलती का संयोग भी जरूरी है! और ज्यादातर बार, गलती करने वाली टीमें मैच की कीमत पर गलती करती हैं!

ऊपर के कुछ पैराग्राफों का इस पुस्तक की विषयवस्तु से अधिक सम्बन्ध नहीं है, लेकिन इस सन्दर्भ में ये बातें दिमाग में आना स्वाभाविक है। **क्रिकेट की वास्तविकता को अच्छी तरह से दिमाग में बिठाये बिना हम न तो माफिया के विभिन्न कार्यकलापों को समझ सकते हैं, और न ही उन्हें मात दे सकते हैं।** क्योंकि उन्हें मात देने के लिए हमें तमाम सेलिब्रिटी, मीडिया, और सम्पूर्ण प्राधिकारी वर्ग की संलिप्तता के सहारे सट्टा-माफिया द्वारा मैदानों में संचालित कठपुतली तमाशों की सब बारीकियों को समझना होगा। **किसी गलतफहमी में मत रहिएगा, प्रधान मंत्रियों से लेकर राष्ट्रपति कार्यालयों तक, कॉर्पोरेट किंग्स से सर्वोच्च न्यायालयों तक, पुलिस से लेकर राष्ट्रीय सिक्योरिटी अडवाइजर्स तक, क्रिकेट पत्रकारों से लेकर नामी सम्पादकों तक, सब प्रत्यक्ष या परोक्ष रूप से इस सर्व-शक्तिशाली माफिया के पिट्ठू हैं।**

अगले अध्यायों में हम समग्र दृष्टि से हर बात समझेंगे, और देखेंगे कि कैसे हम माफिया को उसकी चालें समझ के उसी के खेल में मात दे सकते हैं।

सत्र और ब्रैकेट सट्टेबाजी

मैच के परिणाम पर बेटिंग के साथ-साथ सेशन बेटिंग (सत्र सट्टेबाजी) मैच के आरम्भ से ही शुरू हो जाती है। सत्र सट्टेबाजी का अर्थ है एक पारी में या एक पारी के भीतर दिए गए ओवरों के सेट में बनाए जाने वाले रनों पर दांव लगाना। सट्टेबाजी की भाषा में सत्र कहे जाने वाले ये सेट आजकल हर मैच में काफी भिन्न होते हैं। कभी-कभी टी-20 मैचों में प्रत्येक ओवर के लिए सत्र होते हैं, अर्थात, पहली पारी के 1, 2, 3, 4..., 13,...15,...17,...19, 20 ओवरों में/इनके बाद में बनाए जाने वाले रनों के लिए सट्टेबाजी होती है। एक ओडीआई के लिए, आम तौर पर हर 5 या 10 ओवर की वृद्धि के साथ सत्र होते हैं। यही हाल टेस्ट मैचों का है।

बेटिंग साइट या बुकी गेंद फेंकने से पहले ही, बेट लगाने के लिए रनों की पेशकश करते हुए सत्र खोलते हैं। दांव लगाने वाला पेश किये गए रन बनाने के लिए या रनों के खिलाफ दांव लगा सकता है। मान लीजिए कि टी-20 मैच के लिए पहली पारी के स्कोर का सत्र 154/157 पर खुलता है। इसका मतलब यह होगा कि आप या तो 154 रन बनने के विरुद्ध शर्त या दांव लगा सकते हैं (इसका मतलब है कि आप 154 रन से कम रन बनने के लिए शर्त लगाते हैं) या 157 रन के लिए (इसका मतलब है कि आप 157 रन या 157 से अधिक रन बनने के लिए शर्त लगाते हैं)। सेशन बेटिंग के ऑड्स 1:1 रहते हैं, यानी यदि आप 100/- रूपये या 10/- डॉलर का दांव लगाते हैं, तो आप अपनी बेट के परिणाम के आधार पर उतनी ही राशि जीतते या हारते हैं। यदि अंतिम पारी का स्कोर 154 से 156 है, तो बुकी उस समय लगाई गई सभी बेट जीत जाता है। एक सत्र के दौरान लगाई गई सभी बेट्स का फैसला सत्र के अंत में ही किया जाता है, जो सत्र के अंत के स्कोर पर निर्भर करता है।

जैसे-जैसे इनिंग आगे बढ़ती है, प्रत्येक गेंद के बाद बुकी द्वारा दिया गया सत्र स्कोर बदल सकता है, इस पर निर्भर करते हुए कि उस गेंद में क्या हुआ।

उदाहरण के लिए, मान लीजिए कि पारी की पहली गेंद पर एक विकेट गिरता है, प्रस्तुत या प्रस्तावित सत्र स्कोर, जिसे लोकप्रिय रूप से सत्र कहा जाता है, हमारे वाले उदाहरण के लिए 148/151 या ऐसा ही कुछ नीचे आ सकता है। मान लीजिए कि पहली गेंद पर 6 रन बने, तो सत्र 158/161 या इसके आस पास कुछ हो सकता है। और पारी के अंत तक यह सिलसिला ऐसे ही चलता रहता है कि प्रस्तावित सत्र हर गेंद फेंके जाने के बाद बदल सकता है और नहीं भी। बदला हुआ या वही, हर गेंद के बाद सत्र बुकी द्वारा पुनः दिया जाता है, और एक सट्टेबाज प्रत्येक गेंद के बाद ताजा व भिन्न (ज्यादा या कम) दांव लगा सकता है।

ऐसा कहा या माना जाता है कि किसी भी मैच के भाव (विजेता के लिए) को शुरुआत में जिन कारकों के आधार पर तय किया जाता है वह हैं टीम, उनके प्रदर्शन, पिच और कई अन्य। हम उस दावे या विश्वास में मिथ्यात्व को बाद में देखेंगे। लेकिन बुकी एक पारी में बनाए जाने वाले रनों का अनुमान कैसे लगाते हैं, वे पहले से कैसे जानते हैं कि यह उच्च स्कोर होगा या कम स्कोर? क्या यह अक्सर नहीं होता है कि आपको पता चलता है कि बुकी लोगों को, कमेंटेटरों या विशेषज्ञों ने आपको जो बताया, उससे बेहतर पता था? वे ओवरों के एक सेट में बनाए जाने वाले रनों का अनुमान कैसे लगाते हैं? उन्हें कैसे पता चलेगा कि बल्लेबाज कब अपने खोल में चले जाएंगे या कब तेज रन बनाने लगेंगे? सत्र पर दांव लगवाने और कंगाल होने का जोखिम कोई कैसे उठा सकता है?

वे जानते हैं और दांव की पेशकश करते हैं क्योंकि सब पूर्व निर्धारित होता है और पंटर्स के खिलाफ अच्छी तरह से हेरफेर किया गया (manipulated) होता है। अन्यथा, बुकी लोग, मार्जिन के बावजूद (इस मामले में रनों के), केवल सत्र सट्टेबाजी के माध्यम से कंगाल बन सकते हैं। बुकी के मुकाबले आपको हमेशा कमेंटेटरों/विशेषज्ञों की सलाह और मैच की स्थिति से आकलन करने का लाभ मिलता है कि स्कोरिंग कैसे आगे बढ़नी चाहिए (यदि सब कुछ सामान्य और साफ-सच्चा होता)। आप लाभ वाली स्थिति में होते हैं क्योंकि आप तय करते हैं कि आपको कब और कैसे दांव लगाना है। आइए उपरोक्त उदाहरण के संबंध में देखें। काफी संभव है कि सट्टेबाजों द्वारा उचित सोच विचार के बाद टीम द्वारा 157 या अधिक रन बनाने के लिए अधिकांश दांव, लाखों डॉलर, लगाए जाते हैं, और टीम उम्मीद के मुताबिक अच्छा स्कोर करती है। बुकीज/सट्टेबाजी करवाने वाली साइटें कुछ भी नहीं कर सकते और भारी मात्रा में अपना पैसा खो सकते

हैं। ऐसा ज्यादातर बहुत बार हो सकता है। लेकिन जो होता है वह ठीक इसके विपरीत होता है। अधिकतर आप हार जाते हैं और वे जीत जाते हैं क्योंकि वे पहले से तय डिजाइन को जानते हैं। ऐसा नहीं है कि आप कभी नहीं जीतेंगे। आप निश्चित रूप से कभी-कभार जीतेंगे। इससे आपको उम्मीद मिलेगी और आप संचयी रूप से (कुल मिलाकर अधिकाधिक) हारने के लिए दांव लगाते रहेंगे और बहुत हार जाएंगे (आपके द्वारा लगाए गए दांव के अनुसार)।

क्या आपने कभी यह सोचा है कि कई बार ऐसा क्यों होता है कि किसी इनिंग के दौरान अनेकों उतार चढ़ाव के बाद भी अंतिम स्कोर, हमारे ऊपर वाले उदाहरण को देखते हुए, 154 से 156 क्योंकर होता है? मैं यह कदापि नहीं कहूंगा कि हमेशा ऐसा होता है (कुछ भी हमेशा नहीं हो सकता जैसा कि आप आगे देखेंगे), या अधिकांश ऐसा होता है। लेकिन कभी कभार ऐसा होता रहता है। अब तक आप में से बहुतों ने सोचा होगा कि ऐसा संयोगवश होता है, लेकिन अब आप असली बात समझ पा रहे होंगे। एक और चीज जो आप बहुत बार, कहीं अधिक बार, होते हुए देखेंगे, वह यह है: मान लीजिये कि किसी सत्र के आखिरी ओवर से पहले बुकी द्वारा दिया गया सत्र स्कोर क/ क+1 है, रहस्यात्मक तरीके से सत्र का आखिरी स्कोर 'क' ही होता है, और बुकी अंतिम ओवर के आरम्भ से पहले लगाए गए सभी दांव जीत जाता है। और उस समय बहुत दांव लगाए जाते हैं, क्योंकि सट्टेबाज उस सत्र में पहले लगाए गए दांवों के हिसाब से अपनी संभावित हार या जीत को कवर करने के लिए तब दांव लगाते हैं।

आइए, इसे अपने उदाहरण के माध्यम से बेहतर समझते हैं। मान लीजिये कि इनिंग का आखिरी ओवर यानी 20वां ओवर शुरू होने से पहले इनिंग्ज सत्र बढ़ कर 166/167 (इनिंग के शुरू में बुकी जो 2-3 रन का मार्जिन रखते हैं, जैसे 154/157, वह तकरीबन 15 ओवर के बाद 1 रन का रह जाता है) हो गया था। तब यदि अंतिम स्कोर 166 होता है तो बुकी उस समय, आखिरी ओवर शुरू होने से पहले, लगाए गए सब दांव जीत जाएगा। आप ऐसे होता हुआ अक्सर पाएंगे। यह किसी संयोगवश नहीं होता। यदि पूरी तरह से नहीं तो काफी हद तक आप को अब तक समझ आ चुका होगा कि क्रिकेट मैचों में कुछ भी संयोगवश नहीं होता। आपको ऐसे जालों में फंसने से बचना होगा। आजकल, बहुत से मैचों में, 50 ओवर के मैचों में भी, बहुत सत्र हर एक ओवर के लिए भी होने लगे हैं। इससे माफिया के लिए सट्टेबाजों को जाल में फंसाने के अवसर कई गुना बढ़ जाते हैं।

यह किस प्रकार होता है, इसका आपको अभी हाल ही के एशिया कप 2022 से एक वास्तविक उदाहरण देता हूँ। 7 सितम्बर 2022 को पाकिस्तान और अफगानिस्तान के बीच खेले गए मैच में, 19वें ओवर के बाद और 20वां ओवर शुरू होने से पहले पारी के स्कोर के लिए सत्र 129/130 दिया जा रहा था। यद्यपि ओवर की चौथी गेंद पर 129 रन बन गए थे, आखिरी स्कोर वही रहा, अगली दो गेंदें डॉट हुईं। इस ओवर में 6 गेंदों पर क्रमशः 0,0,6,4,0,0 रन स्कोर किये गए। अफगानिस्तान के सिर्फ 6 खिलाड़ी आउट हुए थे। मैं यह सिर्फ इसलिए बता रहा हूँ क्योंकि बिलकुल ताजा उदाहरण है, एक ऐसे अंतर्राष्ट्रीय मैच से है जिसे बहुत साख के लिए खेला गया माना जाता है, और क्योंकि यह मेरी नजर में आया।

ऊपर कहा गया कुछ भी साबित करने के लिए नहीं है और इसका उल्लेख कुछ भी साबित करने के लिए नहीं किया गया है। इसका इस्तेमाल एक व्यक्ति को संदिग्ध और चौकस बनाने के लिए किया है। हम पहले से ही, लगभग एक दशक से जानते हैं कि कौनसी चीज क्या है। यदि आप इसे पहले से नहीं जानते हैं, तो आपको समझदार बनाने के लिए सत्र सट्टेबाजी में उपरोक्त कुछ अंतर्दृष्टि दी गयी है। सत्रों में हेरफेर किया जाता है, और हेरफेर के लिए प्रत्येक गेंद या लगभग हर गेंद के परिणाम को फिक्स करना आवश्यक **है। यह अतुलनीय रूप से विस्फोटक वास्तविकता का इतना सरल तर्क या स्पष्टीकरण है!!**

एक और अति महत्वपूर्ण बात है जो कई बार होती है। एक सत्र में स्कोरिंग ऐसे होती है कि सत्र का अंतिम स्कोर या तो सत्र के सभी या लगभग सभी प्रस्तावों से अधिक होता है जो बुकी द्वारा पेश किए जाते हैं या सभी या लगभग सभी प्रस्तावों से कम होता है। सत्रों को इस तरह से काफी बार रखा जाता है। क्यों? क्योंकि अन्यथा सट्टेबाज बार-बार दांव लगा सकते हैं ताकि उन्हें मिलने वाले अवसरों का उपयोग किया जा सके और इस तरह वे अपने जोखिम को कम करते हुए भारी मात्रा में जीत हासिल कर सकें।

आइए इसे अपने उदाहरण से समझने की कोशिश करते हैं। मान लीजिए कि सत्र की पेशकश पूरी इन्निंग्स में 140/142 और 169/170 के बीच घूमती रही, और अंतिम स्कोर 157 था। इन्निंग्स के दौरान 147 के लिए और 165 के खिलाफ दांव लगाने वाला एक सट्टेबाज अपनी दोनों बेट जीत सकता था, अगर दांव बराबर राशि के लिए होता तो हारने का कोई जोखिम नहीं होता। कभी-कभी आप निश्चित रूप से सत्र सट्टेबाजी में इस तरह से जीत सकते हैं, लेकिन इस

तरह के परिदृश्य को अक्सर शो चलाने वालों द्वारा अनुमति नहीं दी जा सकती है। यदि ऐसा हो तो सत्र सट्टेबाजी में बुकी/सट्टेबाजी साइटों की तुलना में पंटर्स (सट्टा लगाने वाले सट्टेबाजों) को जबरदस्त लाभ होगा।

जैसा कि मेरी पिछली किताबों में शोध द्वारा दर्ज किया गया था, सभी सत्रों में से लगभग दो-तिहाई (2/3) में इस प्रकार हेरफेर (manipulations) किया गया था कि सट्टेबाजों को ऊपर वर्णित अवसरों का कोई फायदा नहीं हुआ। **जबकि यदि क्रिकेट स्वाभाविक होता तो ऐसा होने की संभावना अरबों में एक बार होती।** वह प्रतिशत अस्थायी रूप से बदल सकता है, लेकिन कठपुतली शो चलाने वालों के लिए यह एक मजबूरी है कि वे लंबे समय में प्रतिशत को ऊंचा रखें, जब तक कि सत्रों पर दांव लगना जारी रहता है। यह उनकी एक सीमा है जिसके बारे में हम जानते हैं। धीरे-धीरे हम कुछ और के बारे में जानेंगे, और सट्टेबाजी में किसी की सफलता, धैर्य और प्राप्त ज्ञान के विवेकपूर्ण उपयोग पर निर्भर करेगी।

कोई निश्चित पैटर्न कभी नहीं होता, सत्र में या अन्यथा, और न ही हो सकता है। दुनिया बुद्धिमान लोगों और सुपर बुद्धिमान सट्टेबाजों से भरी हुई है। वे किसी भी निश्चित पैटर्न को समझने में सक्षम हैं। और वे लगातार जीतने के लिए उन स्वरूपों या प्रतिमानों का फायदा उठा सकते हैं। जो लोग दशकों से खरबों डॉलरों का सट्टा उद्योग सफलतापूर्वक चला रहे हैं, वे आपसे या मुझसे कहीं बेहतर सुसज्जित और होशियार हैं। इसलिए, वे किसी भी निश्चित पैटर्न की अनुमति नहीं दे सकते हैं जिन्हें पढ़ा जा सके और समझा जा सके। लेकिन उनकी भी कुछ आवश्यक सीमाएँ हैं, जिन्हें भली-भांति समझ कर आप कभी-कभी उन्हें मात दे सकते हैं।

कई क्रिकेट सट्टेबाज या सट्टा लगाने वाले खुद को बहुत स्मार्ट समझते हैं। वे सत्र और मैच के परिणाम पर एक साथ बेट लगा सकते हैं जिससे जीतने की संभावना बढ़े और जोखिम कम हो। लेकिन लुटेरे ज्यादा चालाक हैं। आइए हम टीम ए और बी के बीच एक टी-20 मैच पर विचार करें। टीम ए के लिए जीतने की संभावना 1.2 पर खुलती है (अर्थात अत्यधिक पसंदीदा, जो इस टीम का समर्थन करता है उसे प्रत्येक रूपये के दांव पर केवल 20 पैसे अधिक मिलते हैं)। टीम बी पहले बल्लेबाजी करती है और इसके लिए इन्निंग्स का सत्र 140/142 पर खुलता है। यह मानते हुए कि बुकी बेहतर जानते हैं और शुरुआती भाव को देखते हुए, आम तौर पर एक सट्टेबाज टीम बी से कम स्कोर की

उम्मीद करेगा और दिए गए सत्र के खिलाफ 140 से कम रन बनने के लिए शर्त लगाएगा। साथ ही, वह मैच के परिणाम के लिए टीम ए के खिलाफ दांव लगाएगा ताकि यदि वह सत्र हार जाता है तो उसे मैच में लाभ हो (यदि टीम बी उच्च स्कोर करती है, तो उसके जीतने की बेहतर संभावना होगी)। लुटेरे सट्टेबाज की इस मानसिकता या प्रवृत्ति को अच्छी तरह से जानते हैं। वे स्थिति में इस तरह से हेरफेर करेंगे कि टीम बी उच्च स्कोर करे और मैच भी हार जाए, मैच की संभावना 1.2 के शुरुआती ऑड्स (भाव) से अधिक न हो, यहां तक कि टीम बी द्वारा शुरुआत में अपेक्षा से अधिक स्कोर के बाद भी। स्मार्ट सट्टेबाज दोनों मोर्चों पर अपना दांव हार जाता है। हम इसे 'जाल' अध्याय में और अधिक अच्छे से देखेंगे।

इस तरह की घटना का एक वास्तविक जीवंत उदाहरण, पुस्तक के इस हिस्से का मसौदा तैयार करते समय ताजा ही मेरी स्मृति में आ रहा है, जो कि 26 फरवरी, 2022 को धर्मशाला, भारत, में श्रीलंका और भारत के बीच दूसरा टी-20 मैच था। भारत के पक्ष में 1.11 का ओपनिंग ऑड् (भाव) था और पहले बल्लेबाजी करते हुए श्रीलंका ने 20 ओवरों में 183/5 का स्कोर बनाया, इन्निंग्स के स्कोर का शुरुआती सत्र 140 के दशक में था। कुछ शुरुआती हिचकी के बाद भारत ने 18वें ओवर की पहली गेंद पर आसानी से लक्ष्य का पीछा कर लिया। पहली पारी का सत्र भी इस तरह से चला कि बुकी द्वारा अंत तक पेश किए गए सभी या लगभग सभी सत्र स्कोर को पार कर गया। इस मामले में मैच में भाव काफी बढ़ गए थे, सट्टेबाज जीत की स्थिति बनाने के लिए व्यापार (trading) करने में सक्षम थे, अगर वे मैच के आगे बढ़ने के साथ सही दांव लगाने के लिए सतर्क रहते। आमतौर पर ऐसा नहीं होता है क्योंकि सट्टेबाज ज्यादातर बाद में ही समझदार बनता है। मैच का अंतिम नतीजा भारत के विरुद्ध दांव लगाने वालों के लिए हारने का ही रहा। मैच में अब तक चर्चित कठपुतली शो की अधिकांश अभिव्यक्तियाँ थीं, और कठपुतली नचाने वालों के लिए एक अच्छा मैच रहा होगा। और ऐसा हमेशा नहीं होगा कि आप को जीतने का मौका भी मिले। यदि आप नियमित रूप से क्रिकेट सट्टे में लिप्त हैं, तो हर समय सतर्क रहना होगा।

क्रिकेट सट्टा एक महासागर है, जिसमें अनंत क्रमपरिवर्तन और संयोजन (permutations and combinations) संभव हैं, जो शतरंज के खेल से कहीं अधिक होंगे। मुझे आशा है कि फिर भी आप विजेता बनने के लिए इस पुस्तक से पर्याप्त जानकारी प्राप्त करने और आत्मसात करने में सफल होंगे।

कई बार, मैच का परिणाम पहले से ही निष्कर्ष बन जाता है, लेकिन सत्र सट्टेबाजी फिर भी जारी रहती है। उदाहरण के लिए, मान लीजिए कि एक टीम एकदिवसीय मैच में जीत के लिए 300 विषम रनों का पीछा करते 46वें ओवर में 8 विकेट पर 190 रन बनाती है। मैच सभी उद्देश्यों के लिए समाप्त हो गया है, लेकिन पीछा करने वाली टीम के स्कोर के लिए सत्र पर सट्टेबाजी जारी रह सकती है। यह इस उद्देश्य के लिए होता है कि आप टीम द्वारा पहले ही मैच हारने के बाद टेलेंडर्स को बिना रोक टोक मारते हुए और रन बनाते हुए देखेंगे।

एक क्रिकेट अनुयायी और एक सट्टेबाज के रूप में आप क्या उम्मीद करेंगे? टीम के प्रसिद्ध बल्लेबाज असफल रहे और अपनी टीम के लिए मैच हार गए, आम तौर पर एक उम्मीद करता है कि आखिरी कुछ विकेट भी सस्ते में गिरें और मैच जल्दी खत्म हो जाए। और आप उसी के अनुसार सत्र पर दांव लगाएंगे। लेकिन होता बिलकुल इसके विपरीत है और अचानक कोई 10 और 11 नंबर के बल्लेबाजों को मुक्त रूप से रन बनाते हुए पाता है। उन्हें इस उद्देश्य के लिए ऐसी ही गेंदें खिलाई जाती हैं।

तो, जो सुनहरा नियम उभरता है वह यह है कि 'बहुत बार वही होगा जिसकी सबसे कम उम्मीद है।' जब मैं यह लिख रहा हूँ, केवल आज (4/3/2022), उद्घाटन महिला विश्व कप मैच में, अंतिम ओवर में 6 रन की आवश्यकता थी और 3 विकेट हाथ में थे और क्रीज पर जोड़ी ने पिछले (49वें) ओवर में 14 रन बनाए थे, लेकिन शक्तिशाली न्यूजीलैंड 3 रन से वेस्ट इंडीज से हार गया, ऑल आउट हो कर। आशा है कि आप विश्वास नहीं करते होंगे कि महिला क्रिकेट साफ-सुथरी है या इसे साफ-सुथरा होना चाहिए। अगर आप महिला क्रिकेट पर भी दांव लगाते हैं तो बेहतर होगा कि ऐसा कुछ अपने दिमाग से निकाल दें। मैंने इसका उल्लेख सिर्फ इसलिए किया क्योंकि ऐसा आज ही हुआ है। हजारों, हां, हजारों ऐसे उदाहरण वर्षों से हैं। कई और भी अविश्वसनीय हैं। उदाहरण के लिए, किंग्स इलेवन पंजाब आईपीएल, 2021 में 21 सितंबर, 2021 को आरआर से हार गया। और निश्चित रूप से, इन उदाहरणों का परिणाम क्रिकेट की अनिश्चितता के कारण नहीं हुआ, बल्कि कठपुतली खिलाड़ियों द्वारा निष्पादित लिपियों की निश्चितता के कारण हुआ, चाहे पुरुष हों या महिला, 19 वर्ष से कम या 19 से अधिक।

और फिर भी, जैसा कि पहले कहा गया है, असली सुनहरा नियम यह है कि कोई सुनहरा नियम नहीं होता है। इसे हमेशा ध्यान में रखें।

ब्रैकेट्स को सत्र सट्टेबाजी का एक और रूपांतर कहा जा सकता है। संभवत: ब्रैकेट सट्टेबाजी भारत में ज्यादा लोकप्रिय नहीं है, और पश्चिमी दुनिया में अधिक प्रचलित है। हालांकि इसकी एक वजह है। ब्रैकेट सट्टेबाजी केवल ऑनलाइन ही संभव है, फोन पर बुकी के माध्यम से नहीं। इसलिए, यह पश्चिमी दुनिया में समृद्ध हुई जहां सट्टेबाजी कानूनी थी और ऑनलाइन थी। ऑनलाइन सट्टेबाजी भारत में एक अपेक्षाकृत हाल की घटना है और भारत में उपयोग में आने वाली अधिकांश सट्टेबाजी साइटें ब्रैकेट सट्टेबाजी की पेशकश नहीं करती हैं।

आइए एक टी-20 पहली पारी के स्कोर के लिए ब्रैकेट सट्टेबाजी देखें। आपको प्रत्येक 5 रनों की वृद्धि के लिए पारी के स्कोर के लिए ऑड्स की पेशकश की जाएगी, जो कि 100 या कम रन से शुरू हो कर शुरुआत में 250 रन तक जा सकता है। आप या तो एक स्कोर के लिए दांव लगा सकते हैं या दिए गए स्कोर के खिलाफ। एक ब्रैकेट के लिए ऑड्स हर गेंद के बाद बदलते रहेंगे (बदल सकते हैं या नहीं भी) जैसा कि सेशन ऑफर के मामले में होता है। यहां दिए गए ब्रैकेट स्कोर के लिए ऑड्स बदल जाते हैं; सत्र की तरह प्रस्तावित या पेश किये स्कोर नहीं बदलते हैं। सत्र सट्टेबाजी की तुलना में ब्रैकेट सट्टेबाजी अधिक दिलचस्प है। सत्र में अगर कोई जीतता है तो केवल 1 दांव पर लगाई गई राशि के लिए 1 का रिटर्न प्राप्त कर सकता है; ब्रैकेट सट्टेबाजी में, एक मैच के परिणाम के लिए दांव लगाने के समान, दांव पे लगाई गयी राशि से कई गुना ज्यादा जीता जा सकता है।

हमारे उदाहरण पर वापिस आते हुए, मान लीजिए जब प्रस्ताव पर सत्र स्कोर 154/157 है, तो 155 के ब्रैकेट के लिए ऑड्स 1.95/1.97 हो सकते हैं (लगाई गयी राशि के लिए 0.95 का अतिरिक्त रिटर्न मिल रहा है), 160 के लिए यह 2.1/ 2.12 हो सकते हैं, 100 के लिए यह 1.04/1.05 हो सकते हैं, 200 के लिए यह 6.2/6.3 हो सकते हैं, और इसी तरह आगे भी। मान लीजिए कि आपने सही ढंग से एक पारी ढहने का अनुमान लगाया है और 100 रनों का ब्रैकेट नहीं बनने पर दांव लगाया है और इन्निंग्स 100 से कम है, जैसे कि 89 रन या 97 रन पे सिमट जाती है तो आप दांव पर लगाई गई राशि का 20 (1/0.5) गुना जीतते हैं। एक अन्य परिदृश्य में, मान लें कि आप एक बहुत ही उच्च्च स्कोर का अनुमान लगाते हैं और 200 या उससे अधिक के स्कोर के लिए दांव लगाते हैं, तो आप 5.2 (6.2-1) गुना राशि जीतेंगे, यदि अंतिम स्कोर 200 या अधिक है।

एक टेस्ट मैच की इन्निंग्स में, कोष्ठकों (ब्रैकेट्स) में 25 रन की वृद्धि होती है। अन्य सत्रों के अनुरूप भी कोष्ठक होते हैं, आमतौर पर 5 रन की वृद्धि के साथ।

https://www.facebook.com/BettorsBeware से 4 जून, 2017 की निम्नलिखित पोस्ट ब्रैकेट सट्टेबाजी और स्क्रिप्टिंग के बीच के लिंक (संबंध) पर भी कुछ प्रकाश डालती है। ऐसे या इससे भी अधिक प्रमुख संबंध उपलब्ध होंगे और लगभग हर मैच में देखे जा सकते हैं।

'यहां मैं वर्तमान आईसीसी सीटी (CT – Champions Trophy) में उदाहरणों से कुछ अंतर्दृष्टि देने की कोशिश करूंगा, कि कैसे ब्रैकेट सट्टेबाजी सबसे अधिक प्रतिस्पर्धी होने के रूप में प्रचारित मैचों की भी स्क्रिप्टिंग को नियंत्रित करती है। 2 जून, 2017 को ऑस्ट्रेलिया-न्यूजीलैंड मैच में, न्यूजीलैंड ने 290 रनों के ब्रैकेट को पार करते हुए, 10 गेंदें शेष रहते हुए, 291/7 का स्कोर बनाया। 300 रनों के ब्रैकेट को प्राप्त करना कई लोगों द्वारा लगभग निश्चित माना जाएगा और उस स्तर पर उनके द्वारा उसी के अनुसार दांव लगाया जाएगा। फिर 4 गेंदों में 3 विकेट बिना किसी अतिरिक्त स्कोर के गिर गए, जिससे 300 रन ब्रैकेट पर दांव लगाने वाले सट्टेबाज अचानक फंस गए और 300 रन ब्रैकेट पर दांव पर लगाई गई सारी धनराशि एकदम से हार गए। महत्त्वपूर्ण बिंदु यह था कि 290 रनों के ब्रैकेट को आराम से हासिल करने की अनुमति दी गई (इस ब्रैकेट के समर्थन पर जीत 300 रन ब्रैकेट की तुलना में बहुत कम थी, खासकर अंत के ओवरों में), और न्यूजीलैंड की पारी (इन्निंग्स) उस ब्रैकेट के ठीक बाद अचानक समाप्त हो गई।

अब कल (3/6/17), दक्षिण अफ्रीका (बनाम श्रीलंका) की पारी 299 रन पर समाप्त हुई, आखिरी गेंद पर 6 रन बनाए जब कि स्कोर 300 रनों के ब्रैकेट से कम होना था। आखिरी ओवर में, आखिरी ओवर की पहली चार गेंदों पर केवल 2 रन बने, जिससे कि उन लोगों के लिए कोई मौका नहीं था जिन्होंने आखिरी ओवर की शुरुआत में 300 रन बनने के लिए आकर्षक भाव (ऑड्स) पर पैसा बनाने के लिए दांव लगाया होगा। यदि पहली दो गेंदों में एक छक्का या चौका मारा गया होता, तो जिन लोगों ने 300 रनों के ब्रैकेट का समर्थन किया था, उन्हें बहुत फायदा होता। दोहराने के लिए, आखिरी गेंद पर छक्का मारा गया था, जब 300 रनों के ब्रैकेट के समर्थकों के लिए यह बिल्कुल भी मायने नहीं रखता था।

मैंने ऊपर यह बताने की कोशिश की है कि सट्टेबाजी के सिंडिकेट के लाभ को अधिकतम करने के लिए मैचों की स्क्रिप्ट को बहुत अच्छी तरह से ट्यून किया जाता है। यह उनके लिए है जो इसे समझना चाहते हैं।'

यह प्रत्येक मैच के लिए समझाया जा सकता है कि कैसे सत्र तय किए गए या कैसे बहुत स्पष्ट रूप से हेरफेर किए गए। दिमाग के एक छोटे से वस्तुनिष्ठ संप्रयोग के साथ यह समझने में सक्षम होना चाहिए कि एक फिक्स की गयी गेंद को भी कुल संस्थागत फिक्सिंग का हिस्सा होना आवश्यक है, क्योंकि फिक्सिंग

अलग-थलग नहीं हो सकती है और यह हजारों उत्सुक चौकस पूर्व क्रिकेटरों और विशेषज्ञों की निगाहों से बच नहीं सकती है। यहां हम ओवरों के सेट या यहां तक कि पूरी पारियों के स्कोर के फिक्स होने की बात कर रहे हैं। क्या मैच का एक हिस्सा, चाहे वह कितना भी छोटा हो, बाकी मैच को प्रभावित किए बिना, आइसोलेशन में, तय (फिक्स) किया जा सकता है? **क्या बहती नहर या नदी में केवल कुछ बूंदों का रंग अलग हो सकता है? स्पॉट फिक्सिंग के किसी भी मामले का तात्पर्य निश्चित रूप से एक पूर्व निर्धारित (फिक्स) मैच है।**

भले ही अगस्त 2010 में सलमान बट, मोहम्मद आसिफ और मोहम्मद आमिर द्वारा स्पॉट फिक्सिंग, संभाव्यतः, दी गई स्क्रिप्ट के बाहर, कुछ खिलाड़ियों द्वारा अपने दम पर कुछ करने का मामला था, अतिरिक्त पैसे के लालच में पड़ कर (इसीलिए वे पकड़े गए और उन पर मुकदमा चलाया गया); उन कुछ नो बॉल में मैच के समग्र परिणाम को बदलने की क्षमता थी।

सत्र फिक्सिंग वैज्ञानिक रूप से भी सिद्ध है, लगभग एक दशक से निर्विरोध। और इसका मतलब है क्रिकेट की कुल संस्थागत फिक्सिंग। सभी को इसे समझना जरूरी है।

लगभग 9 साल पहले, अंतर्राष्ट्रीय क्रिकेट परिषद (आईसीसी) की भ्रष्टाचार विरोधी और सुरक्षा इकाई (एसीएसयू) के तत्कालीन प्रमुख श्री वाई पी सिंह ने मैचों की कुल फिक्सिंग को समझाने के मेरे सभी प्रयासों को एक प्रश्न के द्वारा रोक दिया था जिसका अर्थ था, "कोई कैसे कह/स्थापित कर सकता है कि सत्र सट्टेबाजी जैसा कुछ था?" ऐसा सवाल एक व्यक्ति ने पूछा था जिसने दावा किया था कि उसे क्रिकेट सट्टेबाजी के बारे में सब कुछ पता है और जिसका काम क्रिकेट को साफ देखना और सुनिश्चित करना था। तब मैं यह सोचने के लिए बहुत भोला था कि एसीएसयू वह करने के लिए था जो उसे करना चाहिए था। एसीएसयू का, और इसलिए आईसीसी का, असली चेहरा देखकर मुझे अपने जीवन में झटका लगा, उस समय मिस्टर वाई पी सिंह के माध्यम से। (इस घटना को 'Bettors Beware' या 'All Cricket Matches Are Fixed' किताब में लिखा गया है)।

आज, सट्टे की बहुत सी साइटों में सत्र सट्टेबाजी इतनी खुली है कि श्री वाई पी सिंह इतना फालतू सवाल पूछकर इतनी आसानी से बच नहीं सकते थे। लेकिन शायद दुनिया के वाई पी सिंह हमेशा बहुत से बहाने ढूंढ सकते थे! **यह आज पूरी दुनिया को देखना है कि आईसीसी की संस्था कितनी बेशर्मी और खुले तौर पर दुनिया भर में एक अतुलनीय विशाल धोखाधड़ी को वर्षों से नियंत्रित कर रही है, विभिन्न राष्ट्रीयताओं के कई लोगों ने श्री वाई पी सिंह के बाद एसीएसयू के प्रमुख के पद को सुशोभित किया है!!**

टिपस्टर और उनका खेल

ये वाकई अविश्वसनीय रूप से अजीब समय हैं। सैकड़ों टिपस्टर विभिन्न सोशल मीडिया प्लेटफॉर्म पर भीड़ लगाए हुए हैं, खुले तौर पर यह घोषणा कर रहे हैं कि विभिन्न मैच फिक्स हैं। यहां एक ऐसा ही नमूना है (टिपस्टर का नाम लिए बिना): *'आईपीएल 2022 । इंडियन प्रीमियर लीग 2022 ऑल मैच एडवांस मैच भविष्यवाणी। आईपीएल पूर्ण फिक्सिंग रिपोर्ट आईपीएल 2022 सभी मैच अग्रिम विजेता टीम भविष्यवाणी। 100% पूर्ण फिक्सिंग रिपोर्ट इंडियन प्रीमियर लीग 2022 ।। आईपीएल पूर्ण...'* यह सब बताता है। एक और: *'23वां मैच मुंबई इंडियंस बनाम पंजाब किंग्स आज 1001% फुल फिक्स्ड रिपोर्ट मिलेगी कोई भी मिस मत करना'*

इस तरह की गतिविधियां सालों से खुलेआम चल रही हैं। फिर भी, क्रिकेट जगत से किसी को, जनता या कानून-प्रवर्तकों को, इसकी परवाह नहीं है! इसके विपरीत, पूरा मीडिया, कोई भी बाहर नहीं है- इलेक्ट्रॉनिक और प्रिंट मीडिया- पूरी तरह से तय क्रिकेट मैचों को अत्यधिक प्रतिस्पर्धी क्रिकेट के रूप में अथक रूप से रिपोर्ट करना, प्रायोजित करना, और भोली-भाली जनता को बेचना जारी रखता है; टिपस्टर्स की भीड़ और उनकी सब कुछ बताती टिप्स के अस्तित्व से बड़े पैमाने पर जनता अनजान रहती है। सुबह के अखबारों और लगातार टीवी प्रसारणों के माध्यम से, घोर विश्वासघात, धोखाधड़ी, और विलक्षण मूर्खता, दशकों से, मिनट दर मिनट जारी है। सभी क्रिकेट हस्तियों का इस सब में शामिल होना जरूरी है और वे शामिल हैं।

जब मैच फिक्सिंग की इतनी खुलेआम घोषणा की जा रही है तो बीसीसीआई और आईसीसी के भ्रष्टाचार निरोधक प्रकोष्ठ कहां छिपे हैं? सभी कानून लागू करने वाली एजेंसियां कहां गायब हो गई हैं? इन टिप्स्टरों से यह पूछने वाला कोई नहीं है कि उन्हें मिलने वाली और उनके द्वारा दी जाने वाली टिप्स का स्रोत क्या है। वे समय-समय पर आश्चर्यजनक रूप से सही सुझाव कैसे दे पाते हैं? वे कैसे खुल्लम खुल्ला मैच फिक्स होने की बात करते

हैं? उनका यह कहने क आधार क्या है? कैसे वर्षों से वे भोली भाली जनता को मूर्ख बना रहे हैं और उनसे कुछ भी सवाल करने वाला कोई नहीं, कोई अधिकारी नहीं? दुनिया के पत्रकार और खोजी पत्रकार कहां हैं, जब रोजाना दसियों अरब डॉलर से ज्यादा की धोखाधड़ी खुलेआम हो रही है; जब एक अंतर्राष्ट्रीय खेल एक खुला मजाक बन गया है? **निहित निहायत हास्यास्पद मानव अस्तित्व से हर कोई बहुत खुश है!**

और जब इस तरह की कोई खबर आती है– https://www.hindustantimes.com/india-news/cbi-probes-pan-india-ipl-betting-racket-with-links-to-pakistan-101652523494276.html- समझ नहीं आता कि हंसा जाए या रोया जाए। यहां तक कि केंद्रीय जांच ब्यूरो, भारत, जैसे संगठन भी इतना हास्यास्पद होने से पहले दो बार नहीं सोचते। **लेकिन फिर, भारत के सर्वोच्च न्यायालय ने भी कुछ साल पहले हास्यास्पद होना ही चुना था!**

पूरी दुनिया को अपने हास्यास्पद अस्तित्व की महिमा का आनंद लेने दें, लेकिन सट्टेबाजों को समझना होगा कि क्या हो रहा है और क्यों हो रहा है। इसे समझना कोई रॉकेट साइंस नहीं है। आज जो खुलेआम हो रहा है वह पुलिस ने वर्षों पहले भी एक भूले हुए समाचार के अनुसार बताया था, जिसका उल्लेख पहले के एक अध्याय में किया गया है, और जो मेरी याचिका के माध्यम से भारत के सर्वोच्च न्यायालय के ज्ञान में भी है - वह भी अब से वर्षों पहले। टिपस्टर अपने सुझाव कठपुतली नचाने वाले घोटालेबाजों के अलावा और किसी से प्राप्त नहीं करते हैं और उन्हीं को आगे बढ़ाते और बताते हैं। यह किसी अन्य तरीके से नहीं हो सकता है, क्योंकि उनके द्वारा दिए गए टिप्स कई बार आश्चर्यजनक रूप से सही होते हैं, सत्रों और मैचों, दोनों में नाटकीय बदलाव के बारे में। आज, ऐसे सैकड़ों उदाहरण हैं। यह रिकॉर्ड की बात है कि पुलिस और अधिकारियों को यह सब पता है, लेकिन वे सभी चुप रहते हैं, जिससे स्क्रिप्टेड क्रिकेट समृद्ध होता है और बेचारे सट्टेबाजों को लूटा जाता है।

टिपस्टर्स का खेल सरल है। वे मोटे तौर पर सटीक सुझाव देना शुरू करते हैं कि कौन सी टीम जीतेगी, सत्र स्कोर के बारे में, और यह भी कि भावों में कैसे उतार-चढ़ाव होंगे। स्वाभाविक रूप से, सट्टेबाज प्रभावित हो जाते हैं और उनमें से कई इन टिपस्टरों का अनुसरण करना शुरू कर देते हैं। फिर वे अपनी लोकप्रियता को भुनाते हैं और मैचों और पूरी श्रृंखला के लिए भी शुल्क लेना शुरू करते हैं। यहां एक अन्य टिपस्टर का इस प्रकार का उदाहरण है (उसकी पहचान छिपाते हुए):

"दिल्ली 05p (पैसे) का घोड़ा पास..

पंजाब 20 पैसे का घोड़ा पास..

आईपीएल सटीकता 3/3 अब...

IPL पैकेज ज्वाइनिंग स्टार्ट.....2022

प्रति मैच फीस 4000/-

5 मैच पैकेज 11000/-

पूरा पैकेज...151000/-

25% प्रॉफिट शेयरिंग गोल्डन वर्क भी उपलब्ध 10% सुरक्षा शुल्क अग्रिम जमा न्यूनतम सीमा 50k

WhatsApp पर मैसेज....'

कई बेटर्स (सट्टेबाज) कुछ उपयोगी सही टिप्स पाने और उस मदद से अच्छी रकम कमाने की उम्मीद में भुगतान करते हैं। टिपस्टर्स फिर सही और गलत टिप्स के बीच बारी-बारी से इस प्रकार बदलाव करते हैं कि जब टिप्स सही होती हैं, तो पंटर्स कम पैसा कमाते हैं, लेकिन जब वे दांव लगाने के लिए गलत टिप्स का पालन करते हैं तो भारी मात्रा में हार जाते हैं। टिपस्टर्स अपने सैकड़ों और हजारों अनुयायिओं (फॉलोअर्स) को जोड़े रखने के लिए समय-समय पर सही टिप्स देते रहते हैं।

शुल्क वसूलना इन टिपस्टरों के लिए दोहरे उद्देश्य की पूर्ति करता है। जब आप मैचों के लिए टिप्स प्राप्त करने के लिए पहले से ही कुछ पैसे का भुगतान कर चुके हैं, तो स्वाभाविक रूप से आप अधिक या बड़ी रकम का दांव लगाएंगे ताकि आप भुगतान की गई रकम की वसूली के अलावा मुनाफा कमा सकें। और जब टिप्स गलत होती हैं, जैसा कि अक्सर होता है, तो आप उससे अधिक मात्रा में पूँजी खो देते हैं जो आप अन्यथा खो देते (यदि आपने किसी को कुछ शुल्क का भुगतान नहीं किया होता)। तो, आपका नुकसान न केवल सट्टेबाजी के माध्यम से एक बड़ा नुकसान होता है, बल्कि इन टिपस्टरों को पहले से भुगतान की गई राशि भी उस में जुड़ जाती है। जितना अधिक नुकसान होता है, नुकसान की वसूली के लिए सट्टेबाज उतना ही अधिक और दांव लगाता है और दलदल में और गहराई से डूबता रहता है।

बीबीएल और आईपीएल जैसे टूर्नामेंट, जिनमें 50 से अधिक मैच होते हैं, इन टिपस्टर्स को साल दर साल एक बड़ा अवसर और गुंजाइश देते हैं। टूर्नामेंट

में इतने सारे मैचों के साथ, वे काफी कुछ मैचों के लिए लगातार सही टिप्स दे सकते हैं, फिर भी बड़ी संख्या में मैचों में सट्टेबाजों को बेवकूफ बनाने का मौका मिलता है। **कई मैचों के लिए लगातार सही टिप्स देने वाले टिपस्टर्स को फॉलो करने का लालच किसे नहीं आएगा?**

क्या यह समझना आसान नहीं है कि सही टिप्स बेटिंग सिंडिकेट से ही आने चाहिए या आएंगे? और उनका उद्देश्य जनता को अपनी लागत पर सट्टेबाजी के माध्यम से पैसा कमवाना नहीं हो सकता है! पूरे गेम प्लान का उद्देश्य दुनिया भर में दसियों या सैकड़ों लाखों में से भोले-भाले पंटर्स को लुभाना और फंसाना है, आसान पैसे की तलाश में रहने की अंतर्निहित मानवीय कमजोरी का फायदा उठाते हुए।

लेकिन टिपस्टर अपनी मर्जी से सही और गलत टिप्स कैसे देते हैं? क्या वे जानते हैं कि हर बार क्या होने वाला है और स्वयं निर्णय करते हैं कि कब सही टिप्स दें और कब गलत टिप्स दें? यह काफी असंभव सा लगता है। चूँकि यदि ऐसा है, तो परिणाम जानने के बाद टिपस्टर्स स्वयं या अपने संपर्कों के माध्यम से बहुत पैसा कमा सकते हैं, भले ही वे जानबूझकर अपने अनुयायियों को गलत सुझाव दें। इसलिए, उन्हें अपने मालिकों, सिंडिकेट, से निर्देश मिल रहे होंगे कि कब क्या टिप देना है, खुद यह जाने बिना कि टिप सही है या गलत। उन्हें चालबाज ठगों का करीबी विश्वासपात्र या एजेंट भी होना चाहिए। मैंने पहले जिस पुलिस रिपोर्ट के बारे में कहा, उसमें भी कुछ ऐसा ही बताया गया है। यह सब बिना किसी अन्य सबूत की आवश्यकता के स्पष्ट रूप से बताता है कि मैच स्क्रिप्टेड मूवी हैं, जैसा कि संजीव चावला ने कहा था, सट्टेबाजी सिंडिकेट के आदेश पर; या फिर स्क्रिप्ट दुनिया भर में सट्टेबाजी को और सट्टेबाजी के भावों को नियंत्रित करने वाले इन सिंडिकेट को अच्छी तरह से मालूम होती है। यदि ऐसा नहीं होता, तो टिपस्टर सटीक भविष्यवाणियां नहीं कर सकते थे और कभी-कभी सटीक सलाह नहीं दे सकते थे कि मैच के आगे बढ़ने पर क्या करना है। कभी-कभी वे सत्र के स्कोर के बारे में सटीक भविष्यवाणी भी करते हैं। एक-दो का जिक्र नहीं, बल्कि सोशल मीडिया आज खुलेआम ऐसे टिप्स से भरा पड़ा है। हालाँकि, मैं ऐसा एक उदाहरण देता हूँ:

[11-04-2022 19:39]

पहली प्रविष्टि करो

65 पैसा गुजरात पसंदीदा ..

हैदराबाद पर 5 लिमिट प्लस बनें ..
[11-04-2022 20:53]
169 नॉट करो 20 ओवर...
डबल लिमिट से खेलो..
[11-04-2022 20:55]
170 नॉट करो 20 ओवर...

डबल लिमिट से खेलो..
[11-04-2022 21:01]
171 नॉट करो 20 ओवर...
डबल लिमिट से खेलो..
[11-04-2022 21:14]
162

सेशन किंग xyz..'

मैंने उपरोक्त संदेश से टिपस्टर का नाम हटा दिया है, क्योंकि वह महत्त्वहीन है। इस मामले में टिप्स अंतिम परिणाम के साथ-साथ पहली इन्निंग के स्कोर, दोनों, के लिए सही साबित हुईं। उसी टिपस्टर ने डीसी और एसआरएच के बीच आईपीएल-15 के 50वें मैच में डीसी इनिंग के पहले 6 ओवर के सत्र के लिए निम्नलिखित टिप्स के माध्यम से अपने अनुयायियों को सत्र में हरवा दिया:

'46-47 06 ओवर सत्र
नहीं करो
5 लिमिट से खेलो..
45-46 06 ओवर सत्र
नहीं करो
5 लिमिट से खेलो...
48-49 06 ओवर सत्र
नहीं करो
5 लिमिट से खेलो..
51-52 06 ओवर सत्र

नहीं करो

5 लिमिट से खेलो...

49-50 06 ओवर सत्र

नहीं करो

5 लिमिट से खेलो...

यह डीसी और एसआरएच के बीच आईपीएल-15 के मैच नंबर 50 को लेकर था। दिल्ली ने पहले 6 ओवरों में 50 रन बनाए, अचानक दो गेंदों पर 10 रन बनाए- छठे ओवर की तीसरी और चौथी गेंद पर, उस समय मोमेंटम (आवेग) के खिलाफ, एक नो-बॉल की सहायता से। तब तक इस टिपस्टर का अनुसरण करने वाले और इस सत्र पर उसी के अनुसार सट्टेबाजी करने वालों को लगा होगा कि वे अपने दांव जीतने की राह पर हैं।

इसका भी नमूना लें:

'इन्निंग्स ब्रेक अपडेट :-

बंद दर:- 56पैसे पंजाब फेवरेट...

नॉन-कटिंग खेलो...

154 का लक्ष्य डिफेंड होगा.....

लखनऊ जीतेगा यह मैच..'

उसी मैच के लिए, दूसरे टिपस्टर से:

'स्कोर डिफेंड कराएँगे'

वह 29 अप्रैल, 2022 को खेले गए IPL-15 में PBKS और LSG के बीच 42वें मैच के बारे में था।

टिपस्टर्स में से एक द्वारा 29 अप्रैल, 2022 को दी गई एक और टिप:

'आईपीएल 42वां मैच'

लखनऊ पंजाब

बोर्ड विजेता = लखनऊ..

आईपीएल 43वां मैच

बंगलौर गुजरात

बोर्ड विजेता = गुजरात..

आईपीएल 44वां मैच

मुंबई राजस्थान

बोर्ड विजेता = राजस्थान..'

वह 42वें और 43वें मैच के लिए सही और 44वें मैच के लिए गलत साबित हुआ। एक और टिपस्टर से एक और गलत टिप:

'आईपीएल 2022'

33वां मैच

चेन्नई मुंबई

विजेता मुंबई

नॉन-कटिंग

कैसे खेलें

ओपन रेट 93 पैसे चेन्नई फेव है 55% लिमिट से खाओ मुंबई प्लस करो बाकी बची हुई लिमिट को पार्ट में यूज करना चेन्नई जितना लो (नीचे भाव में) फेव मिले, पार्ट में खाते चलना मुंबई प्लस करना अंडर 55पैसे से लो चेन्नई फेव मिले एक्सट्रा 50% लिमिट का इस्तेमाल करना चेन्नई को खाना मुंबई प्लस करना...

मुंबई की जीत 1000% जरूर जितना कमा सकते हो कमाओ लाइफ टाइम लॉस रिकवर मैच... (मैच चेन्नई जीता)।

ऐसे असंख्य सुझावों को यहाँ पुनः प्रस्तुत किया जा सकता है, जो सही और गलत दोनों थे। कई टिपस्टर मैच खत्म होने के बाद ज्यादातर गलत टिप्स को डिलीट कर देते हैं और सही टिप्स को अपने लिंक/पेज पर रहने देते हैं।

वहीं इससे जुड़ा एक और बहुत ही पेचीदा सवाल खड़ा होता है। यह कैसे है कि मैदान में कठपुतली के रूप में प्रदर्शन करने वाले खिलाड़ी अपने विश्वसनीय संपर्कों के माध्यम से स्क्रिप्ट के अपने ज्ञान का उपयोग या दुरूपयोग नहीं करते हैं और सट्टेबाजी सिंडिकेट की कीमत पर बड़ी कमाई नहीं करते हैं?

यही वह प्रश्न है जिस पर मैंने अपनी पहली पुस्तक 'Inside the Boundary Line' में भी विचार किया है। यही वह किताब है जिसने सबसे पहले पूरी तरह से स्क्रिप्टेड क्रिकेट का पर्दाफाश किया। वास्तव में एक बहुत ही गूढ़ प्रश्न, जिसका सरल उत्तर कठपुतली चलाने वालों को पता है। हाँ, उत्तर सरल होने चाहिए ताकि चौबीसों घंटे इस तरह की एक अविश्वसनीय धोखाधड़ी को दशकों तक जारी रखा जा सके। क्या ऐसा है कि खिलाड़ी पूरी स्क्रिप्ट और परिणाम पहले से नहीं जानते हैं? नाटक या मैच सांकेतिक भाषा के माध्यम से या किसी अन्य माध्यम से उन्हें भागों में निर्देशित किया जाता है, जैसे-जैसे मैच आगे बढ़ता है? यह सबसे अधिक संभावना है, क्योंकि यह कई अन्य जटिलताओं को भी

संबोधित करता है। उदाहरण के लिए, यह निर्देशकों के लिए किसी भी बिंदु पर मैच की स्क्रिप्ट को बदलना सुविधाजनक बना सकता है ताकि बेटिंग सिंडीकेट के लिए अधिकतम लाभ हो सके। इसके अलावा, अन्यथा भी, खिलाड़ियों के लिए मैच के लिए गेंद दर गेंद पूरी स्क्रिप्ट पहले से याद करना संभव प्रतीत नहीं होता।

इन सवालों के जवाब खोजना या कार्यप्रणाली से संबंधित किसी भी प्रश्न का उत्तर खोजना इस पुस्तक का दायरा नहीं है। लेकिन इनका उल्लेख इसलिए किया गया है, क्योंकि गंभीर और बुद्धिमान पाठकों के मन में ये सवाल उठना लाजमी है। इस पुस्तक का दायरा दुनिया भर के क्रिकेट सट्टेबाजों को यह समझाना है कि क्रिकेट क्या है और उन्हें एक बहुत शक्तिशाली माफिया, इतना शक्तिशाली कि उनका फ्रॉड 10 साल से सार्वजनिक रूप से उजागर होने के बाद भी उन्हें कोई फर्क नहीं पड़ा, द्वारा नियंत्रित क्रिकेट सट्टेबाजी उद्योग के खिलाफ अपनी लड़ाई में मजबूत करना, शस्त्र युक्त करना, है।

टिपस्टर्स से दूर रहें, क्योंकि अधिक संभावना है कि आप गुमराह हो जाएंगे। वैसे भी, यदि आप लगातार टिपस्टर्स का पालन करते हैं तो आप कुल मिलाकर परास्त हो जाएंगे। आप केवल तभी लाभ प्राप्त कर सकते हैं जब आप भाग्यशाली हों कि आप केवल सही टिप्स का पालन करें – जैसा होने की संभावना न के बराबर है।

जाल

आइए हम आईसीसी के महिला विश्व कप 2022 में भारत और बांग्लादेश के बीच मैच पर चलते हैं, जो 22 मार्च, 2022 को हैमिल्टन, न्यूजीलैंड में खेला गया था। भारत के लिए शुरुआती ऑड्स लगभग 1.13 थे (मतलब भारत की जीत के लिए दांव पर लगाए गए रूपये/डॉलर 1 के मुकाबले रूपये/डॉलर 1.13 मिलना, अगर भारत जीतता है), भारत के लिए पारी के स्कोर का अनुमान 260 के आसपास लगाया जा रहा था क्योंकि भारत ने पहले बल्लेबाजी की। मैच के ऑड्स का मतलब यह होगा कि सट्टेबाजी के सिंडिकेट को उम्मीद थी कि यह भारत के पक्ष में एकतरफा मैच होगा। एक सट्टेबाज के रूप में आप क्या करेंगे? भारत के लिए इतनी कम ऑड्स को देखते हुए अधिकांश सट्टेबाज भारत ले (lay) (मतलब भारत की जीत के खिलाफ दांव लगाना) करेंगे। साथ ही साथ, कई लोग अपने दांव को संतुलित करने के लिए भारत के इन्निंग स्कोर के सत्र के लिए शर्त लगाएंगे। अगर भारत के लिए ऑड्स (भाव) और कम होते हैं, तो इसका मतलब होगा कि भारत अच्छा स्कोर करेगा। इसलिए, यदि कोई खिलाड़ी मैच के परिणाम पर दांव हारता है, तो उसे इन्निंग सत्र के स्कोर पर लगाए गए दांव जीतने की उम्मीद रहेगी। इसके विपरीत, यदि भारत कम स्कोर करता है, तो सट्टेबाज कम से कम दोनों तरफ जीत के लिए मैच के परिणाम पर दांव लगाने में सक्षम होने की उम्मीद करेगा (राशि इस बात पर निर्भर करेगी कि कोई कितना और कैसे दांव लगाता है)। यह काफी तर्क-संगत है।

मगर हुआ क्या? भारत ने अपनी इन्निंग में केवल 229/7 रन बनाए, और फिर भी इन्निंग के अंत में ऑड्स शुरुआती ऑड्स से कम, लगभग 1.09 थे। भारत द्वारा उम्मीद से 30-40 रन कम स्कोर करने के बाद, उसकी जीत के अवसरों में काफी कमी ऑड्स में परिलक्षित होनी चाहिए थी, लेकिन ऑड्स को नियंत्रित करने वालों ने इसके विपरीत फैसला किया! इस प्रकार, एक बुद्धिमान सट्टेबाज, विवेकपूर्ण तरीके से दांव लगाते हुए, अपने सत्र के दांव भी हार जाएगा और उसे मैच के परिणाम पर भी कोई फायदा उठाने का कोई अवसर नहीं

मिलेगा। ऐसा ही हुआ, बांग्लादेश कभी भी बिल्कुल भी प्रतिस्पर्धा में नहीं आया, और 41वें ओवर में 119 के कुल योग पर आउट हो गया। जैसा कि अक्सर होता है, बुकी /सट्टेबाजी के सिंडिकेट को ठीक से पता था कि मैच कैसे आगे बढ़ना है। वे अधिकांश सट्टेबाजों को पूर्णतया: फंसाने में सफल रहे।

यह समुद्र से निकला मात्र एक उदाहरण है। केवल इस बात की एक झलक देने के लिए उल्लेख किया गया है कि दुनिया भर में क्रिकेट सट्टेबाजी को नियंत्रित करने वाले कैसे ऑड्स की गति और मैदान में खेल, दोनों को एक साथ नियंत्रित कर सकते हैं। ऐसा लग सकता है कि बेटिंग ऑड्स ग्राउंड में प्रगति के आधार पर आगे बढ़ते हैं; लेकिन वास्तव में जमीन पर प्रगति को पहले से तय या पटकथा के अनुसार ऑड्स की गतिविधि को सही ठहराने या उसके अनुकूल बनाने के लिए नियंत्रित किया जाता है। **यह अहसास और समझ किसी भी दांव लगाने वाले या सट्टेबाज के लिए जरूरी है।** यह इस वास्तविकता के कारण होता है कि एक पारी की पहली गेंद पर एक विकेट गिर जाता है, या वाइड और/या नो बॉल की झड़ी अचानक एक गेंदबाज द्वारा लगा दी जाती है, या एक टीम विकेट के बाद विकेट खोने लगती है या अचानक खराब गेंदों को स्टैंड में भेज दिया जाता है, या बल्लेबाज बिना किसी तुक या कारण के शेल (खोल) में चले जाते हैं, उन गेंदों को केवल टैप करते हैं जिन्हें आसानी से बाउंड्री के लिए मारा जा सकता था; या टीम, क्रीज पर अच्छी तरह से सेट हिटर्स और हाथ में अच्छी संख्या में विकेट होने के बावजूद, अंत के ओवरों में ज्यादा स्कोर नहीं करती है ..... सूची अंतहीन हो सकती है। **साथ ही नैसर्गिक क्रिकेट का ढोंग भी सभी को जारी रखना है।** कमेंटेटर काफी हद तक भोले-भाले दर्शकों को बताकर/समझाकर कि क्या क्यों हुआ, इस उद्देश्य की पूर्ति करते हैं, जबकि इस बात से अच्छी तरह वाकिफ होते हैं कि वे केवल एक कठपुतली शो पर टिप्पणी कर रहे थे; गेंदबाजों के पास गेंदबाजी करने के लिए कोई क्रिकेट औचित्य नहीं था, बल्लेबाजों के पास खेले गए शॉट्स खेलने के लिए कोई औचित्य नहीं था, क्षेत्ररक्षक भी दी गयी भूमिका निभाते हुए योगदान दे रहे थे।

आईपीएल, बीबीएल जैसे टी-20 लीग टूर्नामेंट में रणनीतिक समय (स्ट्रेटेजिक टाइम-आउट) की एक अतिरिक्त विशेषता है। रणनीतिक टाइम-आउट माफिया को सट्टेबाजों को फंसाने के लिए एक अतिरिक्त गुंजाइश देता है। अगली गेंद फेंके जाने से पहले सट्टेबाजों के पास अपना दांव लगाने के लिए अधिक समय उपलब्ध हो जाता है। कई बार, रणनीतिक टाइम-आउट से ठीक पहले एक विकेट गिरता है, और इसलिए या अन्यथा, सट्टेबाज टाइम-आउट के समय मैच की स्थिति को देखते हुए भ्रमित महसूस करते हैं और बड़े पैमाने पर गलत दांव

लगाने के लिए प्रेरित होते हैं। और इसके लिए उन्हें अधिक समय भी मिलता है। टाइम-आउट माफिया को जरूरत पड़ने पर स्क्रिप्ट को संशोधित करने के लिए पर्याप्त समय देने के उद्देश्य से भी काम कर सकता है। यह सामान्य ज्ञान की बात है कि कई बार, एक मैच की गति में टाइम-आउट के तुरंत बाद विशिष्ट परिवर्तन या बदलाव होता है, या तो विकेट या बाउंड्री के माध्यम से। यह या तो पूर्व नियोजित हो सकता है या स्क्रिप्ट में संशोधन का परिणाम हो सकता है।

चूंकि कोई क्रिकेट नहीं खेला जा रहा है, इसलिए इन टाइम-आउट के दौरान टीमों द्वारा कोई वास्तविक रणनीति बनाने का कोई सवाल ही नहीं है। इसलिए, ये टाइम-आउट, सभी संभावनाओं में, केवल माफिया की सहायता के लिए शामिल किए गए हैं।

सट्टेबाजी उद्योग को नियंत्रित करने वाले, हर समय, सभी इक्के अपने पास रखते हैं। दुनिया भर में ऑड्स का समान होना- किसी भी सट्टेबाजी साइट पर या बुकी के माध्यम से- सभी के लिए यह निश्चित जानने के लिए पर्याप्त होना चाहिए कि सट्टेबाजी उद्योग केंद्रीय रूप से नियंत्रित है।

भारत-बांग्लादेश मैच के कुछ दिनों बाद पहला सेमीफाइनल 30 मार्च को ऑस्ट्रेलिया और वेस्टइंडीज के बीच हुआ। शुरुआती ऑड्स ऑस्ट्रेलिया के पक्ष में भारत बांग्लादेश मैच के समान थे, और ऑस्ट्रेलिया ने पहले बल्लेबाजी की। यह सेमीफाइनल होने के कारण, सट्टेबाजों को उम्मीद थी कि वेस्ट इंडीज कम से कम मैच के किसी चरण में प्रतिस्पर्धा करेगा और ऑड्स को देखते हुए उन्होंने ऑस्ट्रेलिया के विरुद्ध दांव लगाए होंगे। लेकिन उन्हें निराश होना था और हारना था। हालाँकि, इस बार सत्र भारत के मैच की तरह नहीं चला। ऑस्ट्रेलिया ने 10 ओवर के पहले सत्र के बाद मन-मर्जी से रन बनाए (पावर प्ले ओवरों में स्कोर न करके पंटर्स को हराने के बाद)। लेकिन फिर, उन्होंने बिना किसी तुक या कारण के अंत के ओवरों में अपना स्कोरिंग धीमा कर दिया। किसी भी क्रिकेट तर्क से उम्मीद की जा सकती थी कि ऑस्ट्रेलियाई बल्लेबाजी अंतिम ओवरों में क्रीज पर दो अच्छी तरह से सेट बल्लेबाजों और डग आउट में इंतजार कर रहे कई हिटरों के साथ निडर और उन्मत हो जाएगी। जिन सट्टेबाजों ने इन्निंग्स के स्कोर पर दांव लगाए होंगे- इसके लिए बहुत सारे दांव लगाए जाते हैं- इस प्रकार हारे होंगे। हाँ, यह केवल एक धारणा है, लेकिन तर्क-संगत। उद्देश्य, बड़े पैमाने पर सट्टेबाजों को लाभ या हानि के बारे में कोई पवित्र या अटल अनुमान देना नहीं है, बल्कि इस बात को समझाना है कि सट्टेबाजी सिंडिकेट हर कदम

पर सट्टेबाजों के लिए कैसे जाल बिछाते हैं। शायद यह दोहराने की जरूरत नहीं है कि यह पूरे क्रिकेट जगत, विश्व स्तर पर बहुतेरे अधिकारियों और राष्ट्रीय सरकारों (सभी दस्तावेजी रूप से स्थापित है) की मिलीभगत से किया जाता है, उसके बिना संभव नहीं है।

सट्टेबाजों को ऐसा दिखाने और उनके मन में संदेह पैदा करने के बाद, अपने अगले मैच में, यानी, कागज पर एक अधिक शक्तिशाली पक्ष, इंग्लैंड, के खिलाफ फाइनल में ऑस्ट्रेलियाई महिलाएं स्कोरिंग के साथ उन्मत हो गईं, और प्रतिद्वंद्वियों द्वारा किसी प्रतिरोध के बिना, अपनी इच्छा से स्कोरिंग की, 35वें ओवर के बाद और लगभग 45वें ओवर तक।

सट्टेबाजी लगभग चौबीसों घंटे जारी रहती है, कई बार एक साथ एक से अधिक मैचों पर। यह सट्टेबाजी सिंडिकेट को क्रिकेट सट्टेबाजों को फंसाने के लिए निरंतर अवसर देता है। सत्र, और असंख्य फैंसी दांवों को, पंटर्स को फंसाने के लिए, लगातार नियंत्रित किया जाता है और उनमें हेरफेर (manipulation) किया जाता है। इसके लिए गेंद दर गेंद स्क्रिप्टिंग और संबंधित निष्पादन आवश्यक है।

स्क्रिप्ट्स का न केवल एक श्रृंखला या टूर्नामेंट के अन्य मैचों के साथ, बल्कि एक समय के आसपास होने वाले अन्यत्र सभी मैचों के साथ भी परस्पर संबंध होता है। **पेशेवर सट्टेबाजों (जो समझते हैं कि क्रिकेट तय है) की सभी संभावित बुद्धिमत्ता का ध्यान भी ट्रिलियन डॉलर के उद्योग को नियंत्रित करने वालों द्वारा बखूबी रखा जाता है, ताकि वे विषम मैचों में भले ही जीत सकें, लेकिन कुल मिलाकर हार जाएंगे।** मानव मन की अपनी सीमाएँ हैं। किसी भी सट्टेबाज के पास एक निश्चित तरीके से सट्टेबाजी की सीमाएं होंगी। घोटालेबाज वह सब भी ध्यान में रख सकते हैं और अच्छी तरह से अनुमान लगा सकते हैं कि पेशेवर सट्टेबाज कब क्या सोच रहे होंगे।

बेशक, अधिकांश भोले-भाले सट्टेबाज, स्वाभाविक प्रतिस्पर्धी क्रिकेट की उम्मीद करते हुए सट्टेबाजी करते हैं, इस या उस खिलाड़ी से उम्मीद करते हैं, और आसानी से शिकार बन जाते हैं।

क्या आपने कभी सोचा है कि ऐसा अक्सर क्यों होता है कि शीर्ष बल्लेबाज विफल हो जाते हैं और फिर टेलेंडर्स अपनी मर्जी से स्कोर करते हैं? क्या यह क्रिकेट की अनिश्चितता के कारण है? यदि क्रिकेट वास्तव में इतना अनिश्चित है, तो सिंडिकेट एक टीम के लिए 10 पैसे से कम पर ऑड्स कैसे खोलते हैं और 100 में से 99 बार, यदि 100/100 बार नहीं, इस तरह पसंदीदा टीम कैसे और क्यों जीत जाती है, जिससे सट्टेबाज हार जाते हैं (इतने कम ऑड्स पर

ज्यादातर सट्टेबाज पसंदीदा टीम के विरुद्ध ही दांव लगाएंगे, उम्मीद करते हुए कि दूसरी टीम कम से कम प्रतिस्पर्धा तो करेगी)। लेकिन ज्यादातर दूसरी टीम बिना किसी प्रतिस्पर्धा के हार जाती है। **सरल सिद्धांत लागू किया जाता है - क्रिकेट प्रशंसकों और क्रिकेट सट्टेबाजों को जिसकी कम से कम उम्मीद हो, कठपुतलियों को वैसे नचाओ।**

न्यूजीलैंड और नीदरलैंड के बीच 2 अप्रैल, 2022 को हैमिल्टन, न्यूजीलैंड में खेले गए दूसरे वनडे का उदाहरण लें। श्रृंखला के सभी मैचों में न्यूजीलैंड के लिए ऑड्स 1.04/1.05 के आसपास खुले। ऐसा ही इस मैच के साथ भी हुआ। कभी भी किसी प्रतियोगिता की उम्मीद नहीं की गई थी, दोनों टीमें प्रतिष्ठा और प्रदर्शन में बहुत असमान थीं। नीदरलैंड ने टॉस जीतकर पहले फील्डिंग करने का फैसला किया। न्यूजीलैंड ने उम्मीद के मुताबिक शुरुआत की, पहले 4 ओवरों में 22/0 का स्कोर बनाया। और फिर इस मैच में सट्टेबाजी करने वाले सट्टेबाजों को चौंकाते हुए, शक्तिशाली न्यूजीलैंड ने अगले 10 रन में 5 विकेट खोकर 32/5 का स्कोर बनाया। दुनिया में ऐसे कई सट्टेबाज हैं जो कुछ आसान पैसा कमाने की उम्मीद में भारी मात्रा में कम ऑड्स पर टीमों का समर्थन करते हैं, खासकर जब टीमें नीदरलैंड और न्यूजीलैंड की तरह असमान हों। इस मोड़ से उनका क्या हुआ होगा? मुझे नहीं पता कि इस स्कोर पर क्या भाव थे, लेकिन शीर्ष 5 बल्लेबाजों के 32 के स्कोर पर आउट होने ने ऐसे कई सट्टेबाजों को परेशान किया होगा और उन्हें अपना नुकसान कम करने के लिए नीदरलैंड के पक्ष में दांव लगाने के लिए मजबूर किया होगा। साथ ही 10 ओवर के सेशन पर सट्टा लगाने वाले सट्टेबाज भी फंस गए।

कोई नहीं जान सकता था कि आगे क्या करना है। छठा विकेट भी 23वें ओवर में 89 रन पर गिरा। फिर भी न्यूजीलैंड अपने पक्ष में लगभग 1.55 ऑड्स के साथ पसंदीदा था। सिंडीकेट जानते थे कि आगे क्या होगा। और फिर नीदरलैंड ने अचानक सारी हिम्मत खो दी, जिससे न्यूजीलैंड के टेलेंडर्स को मुक्त रूप से स्कोर करने की अनुमति मिली। मैच न्यूजीलैंड के लिए एकतरफा जीत के साथ समाप्त हुआ, जैसा कि शुरू में उम्मीद थी और सट्टेबाजी सिंडीकेट द्वारा ऑड्स के माध्यम से भविष्यवाणी की गई थी। लेकिन सट्टेबाज एक जाल में फंस गए, वो नहीं समझ सकते थे कि कब क्या करें। और दोनों टीमों के बीच अगला मैच फिर से शुरू से ही एकतरफा रहा, जब सट्टेबाजों ने पिछले मैच के आधार पर अन्यथा उम्मीद की होगी। **मैच दर मैच, क्रिकेट को छक्का लगता है, मायने सिर्फ यह रखता है कि खरबों डॉलर के उद्योग के लिए बड़ी कमाई करने के लिए सट्टेबाजों को कैसे फंसाया जाए।**

Bettors Beware के फेसबुक पेज सहित मेरे पहले के लेखन, बिछाए गए जालों के समुद्र में से कई और उदाहरण देते हैं, यह बताते हुए कि कैसे सट्टेबाज लगातार फंसते हैं। विश्व स्तर पर क्रिकेट सट्टेबाजी को चलाने और नियंत्रित करने वाले लोगों द्वारा हर मैच इस दिशा में एक अभ्यास है। बीच-बीच में, वे कभी-कभार मैचों में मौका देते हैं ताकि सट्टेबाजों को यह लगे कि कुछ पैसा बनाना कितना आसान है। **यह दसियों/सैकड़ों-लाखों पंटर्स को फंसाये और मूर्ख बनाए रखने के लिए आवश्यक है।**

सट्टेबाज मैच की गति से प्रभावित हो जाते हैं और गति के प्रभाव में बेतहाशा दांव लगाना शुरू कर देते हैं, ताकि कुछ जल्दी पैसा कमाने का मौका न चूकें, या संभावित नुकसान में कटौती हो सके। किसी के लिए भी ऐसा करना बिल्कुल स्वाभाविक है। वे टीकाकारों (कमेंटेटर्स) से भी प्रभावित होते हैं। यह एक बहुत ही सामान्य जाल है जिसे अक्सर बिछाया जाता है और यह अधिकांश सट्टेबाजों को पकड़ लेता है।

फिर से, मैं इसे हाल ही के वास्तविक जीवन के उदाहरण की मदद से समझाता और स्पष्ट करता हूं। आइए 5 अप्रैल, 2022 को लाहौर, पाकिस्तान में आयोजित ऑस्ट्रेलिया और पाकिस्तान के बीच दौरे के एकमात्र टी-20 पर चलते हैं। पाकिस्तान अपने पक्ष में 1.8 के आसपास ऑड्स के साथ शुरुआत में फेवरिट टीम थी। उन्हें बल्लेबाजी के लिए उतारा गया और उन्होंने बहुत तेज शुरुआत की, पहले 7 ओवरों में 63/0 का स्कोर बनाया। उस समय के आसपास, दिग्गज गेंदबाज वकार यूनिस (शायद वही थे) ने कुछ इस तरह की टिप्पणी की कि यह ऐसी विकेट/पिच थी कि बल्लेबाजों के लिए आउट होना मुश्किल था और पाकिस्तान को काफी उच्च स्कोर की उम्मीद थी। उन्होंने कुछ ऐसा ही इशारा किया। पाकिस्तान के पक्ष में ऑड्स लगातार कम होते जा रहे थे, उस समय 1.5 के आसपास मँडरा रहे थे। क्रिकेट द्वारा शासित होने वाला कोई भी भोला पंटर, इसे पाकिस्तान का मैच मान लेता (पाकिस्तान ने पिछले 2 एकदिवसीय मैचों में अपनी हावी बल्लेबाजी के माध्यम से ऑस्ट्रेलिया को कुचल सा दिया था), और जल्दी से पैसा कमाने को पाकिस्तान के पक्ष में दांव लगाता, इस डर से कि कहीं ऐसा न हो कि जल्द ही ऑड्स और नीचे चले जाएँ। और पता नहीं क्योंकर, पाकिस्तान ने विकेट के बाद विकेट खोना शुरू कर दिया। पाकिस्तान के 162/8 के अपनी पारी के स्कोर के साथ (गति के खिलाफ आखिरी ओवर में 18 रन बनाए गए थे, इन्निंग्स के सत्र पर दांव लगाने वाले सट्टेबाजों का बेड़ा गर्क करने के लिए), ऑस्ट्रेलिया लगभग 1.6 के ऑड्स के साथ पसंदीदा था।

पाकिस्तान ने अपनी गेंदबाजी से भी वापसी नहीं की, और सट्टेबाजों ने, जिन्होंने पहले स्पष्ट गति के प्रभाव में पाकिस्तान का समर्थन किया था, खुद को फंसा हुआ पाया होगा! दोनों, ऑड्स और मैदान में खेल, एक साथ सट्टेबाजों को फंसाने में कामयाब रहे। इस मामले में, टिप्पणीकारों की अहम भूमिका रही।

एक और बहुत ही सामान्य जाल है - कुछ खिलाड़ियों के आसपास एक बड़ी प्रतिष्ठा बनाना और फिर उन्हें मैच दर मैच फ्लॉप करवाना, या बनाई गई प्रतिष्ठा के विपरीत उनसे पंटर्स की अपेक्षा से बहुत कम प्रदर्शन करवाना। शायद शाहिद अफरीदी इसका सबसे बड़ा उदाहरण हैं। अपने आखिरी के कई मैचों में, उन्होंने शायद ही लीग या अंतर्राष्ट्रीय क्रिकेट में कभी अपनी बल्लेबाजी के माध्यम से अपनी टीम के लिए कोई मैच जीता हो, या यहां तक कि ऐसे रन भी बनाए हों जो मायने रखते हों। क्रिस गेल इसी तरह का एक और उदाहरण है, हालांकि उन्होंने यहां या वहां कुछ रन बनाए, हालांकि उनके आखिर के अधिकांश खेलों में इसका कोई खास नतीजा नहीं निकला। यही बात कई गेंदबाजों पर भी लागू होगी, जैसे सुनील नरेन। **इन खिलाडियों के गिर्द मैच-विनर की एक स्पष्ट प्रतिष्ठा बनाने के बाद अक्सर इन्हें फ्लॉप होने के लिए नचाया गया।** अगर कोई आईपीएल-15 के बारे में सोचता है, तो ऐसे कई उदाहरण और नाम किसी के दिमाग में आते होंगे।

इसका उल्टा भी सच है। अचानक कोई अज्ञात खिलाड़ी, या उस विशेष क्षमता के लिए अज्ञात खिलाड़ी, एक आश्चर्यजनक/मैच जीतने वाले प्रदर्शन को उजागर करता है, साथ ही लाखों सट्टेबाजों को भी चौंका देता है। और फिर, बाद के मैचों में, जब पंटर्स उससे उस तरह की उम्मीद करने लगते हैं, तो वे बार-बार निराश होते हैं। एक हालिया उदाहरण के रूप में, ऑस्ट्रेलियाई कप्तान, कमिंस ने आईपीएल-15 में केकेआर के लिए एक मैच जीता, जिसमें एक उन्मत्त व्यक्ति की तरह बल्लेबाजी की, और फिर लगातार वह बल्लेबाजी में असफल होते रहे, कुछ मैचों के लिए केकेआर टीम से बाहर भी हो गए। ऐसे उदाहरण भी बहुत हैं।

भारतीय जनता क्रिकेट की दीवानी है और अपने क्रिकेट नायकों के प्रति बहुत संवेदनशील है, इसलिए अधिकांश भारतीय क्रिकेटर आपको अक्सर अच्छा प्रदर्शन करते मिलेंगे, खासकर जब भारत के लिए खेलते हैं। उन्हें भी कभी कभार लीग मैचों में आउट ऑफ फॉर्म कर दिया जाता है, जैसे कि कोई और नहीं, बल्कि रोहित शर्मा आईपीएल-15 में लगातार असफल रहा और उसकी चैंपियन टीम MI पहले 8 मैचों में से 8 हार गई।

क्या आपने कभी सोचा है कि ऐसा कैसे और क्यों इतनी बार होता है कि अंतर्राष्ट्रीय क्रिकेट के शेर लीग में कम खिलाड़ियों के खिलाफ खेलते हुए बलि देने वाले बकरे बन जाते हैं? क्योंकि जैसा कि पहले उल्लेख किया गया है, दुनिया भर में अधिकांश बेटर्स या सट्टेबाज भोले-भाले लोग हैं और वे एक खिलाड़ी से अपनी प्रतिष्ठा के अनुसार प्रदर्शन करने की उम्मीद करते हैं, और इसलिए जालों में फँस जाते हैं।

यदि कोई सीमित ओवरों के क्रिकेट में अब तक (इस लेखन के समय के संदर्भ में) फ्री हिट के रनों के आँकड़ों को देखता है, तो किसी को हतप्रभ रह जाना चाहिए। यह पाया जाएगा कि ज्यादातर बार, 10 में से 8 से 9, गेंद को सिर्फ टैप या मिस किया गया था। इस साधारण कारण से कि कोई भी क्रिकेट प्रशंसक या सट्टेबाज इस तरह की डिलीवरी पर बड़े हिट की उम्मीद करेगा।

जाल की बात करते हुए, यहाँ एक असाधारण उदाहरण है। मैं फेसबुक पेज https://www.facebook.com/BettorsBeware से 10 मार्च, 2017 की एक पोस्ट को नीचे पुनः पेश करता हूं:

'सड़ांध बहुत गहरी है:

मैं अपनी किताबों और पोस्टों के माध्यम से बताता रहा हूं कि सड़ांध कितनी गहरी है, जिसे (सड़ांध को) कमेंटेटरों और क्रिकेट विशेषज्ञों ने भी सुगम बनाया है।

मैं अब इस सड़ांध की अकल्पनीय गहराई का एक और वर्तमान उदाहरण देता हूं। वर्तमान में आयरलैंड और अफगानिस्तान के बीच 3 मैचों की टी 20 श्रृंखला ग्रेटर नोएडा, भारत में खेली जा रही है, जिसके बाद एकदिवसीय श्रृंखला होगी। आज दूसरा टी-20 खेला गया। जब आयरलैंड की इन्निंग्स में बारिश ने खेल को बाधित किया, तो आयरलैंड 6.1 ओवरों में 65/2 पर डीएल (DL) सिस्टम से काफी आगे था। क्रिकेट वेबसाइटों पर अपडेट ने सुझाव दिया कि खेल के फिर से शुरू होने की शायद ही कोई संभावना थी। कई सट्टेबाज निश्चित रूप से जाल में फंस गए होंगे और आयरलैंड को आसान पैसे की उम्मीद में कम भाव पर भारी राशि से बैक किया होगा। किसी भी अपडेट या चेतावनी के बिना अचानक खेल फिर से शुरू हो गया। इससे पहले कि कोई समझ पाता, अफगानिस्तान तेजी से पसंदीदा (फेवरिट) होने लगा, क्योंकि खेल फिर से शुरू होने पर आयरलैंड ने ज्यादा स्कोर किए बिना ही विकेट गंवाना जारी रखा। बस बारिश से पहले और बाद में आयरलैंड की बल्लेबाजी के बीच के अंतर को देखें

और यदि आपके पास न्यूनतम सामान्य समझ है तो आपको सब कुछ समझने में सक्षम होना चाहिए। आसान पैसे की उम्मीद में आयरलैंड का समर्थन करने वालों को बचने का कोई मौका नहीं मिला -आयरिश बल्लेबाजों ने यह सुनिश्चित किया। इस समय डीडी स्पोर्ट्स पर कमेंटेटर हमें बता रहे थे कि 11 ओवर में 111 का संशोधित लक्ष्य आयरलैंड के लिए आसानी से हासिल करने योग्य था। आयरलैंड 11 ओवर में 93/9 के स्कोर पर रह गया।'

उदाहरण देना कभी न खत्म होने वाली प्रक्रिया बन सकती है। यदि किसी को आवश्यकता महसूस होती है, तो मेरी पिछली पुस्तकों और फेसबुक पेज के उपरोक्त लिंक के माध्यम से उसे अधिक जानकारी मिलेगी। मुझे लगता है कि मुफ्त में और आसानी से उपलब्ध होने के अलावा, फेसबुक पेज पर पोस्ट अधिक प्रभावी होंगे।

तथापि, इस अध्याय का सार कुछ शब्दों में व्यक्त किया जा सकता है। क्रिकेट की वास्तविकता को जानने, समझने और पूरी तरह से आत्मसात करने के बाद, पंटर्स को यह सुनिश्चित होना चाहिए कि लगभग हर सत्र में उनके लिए कुछ जाल बिछाया जा रहा है और अक्सर प्रत्येक मैच में, अन्य फैंसी बेट्स में भी। **एक जाल (ट्रैप) का अनिवार्य रूप से मतलब है कि बहुत बार अचानक कुछ ऐसा होता है, रन बनने, विकेट गिरने, या बल्लेबाजों के खोल में जाने आदि के माध्यम से, जिसकी क्रिकेट प्रशंसक या सट्टेबाज विभिन्न कारणों से उस पल कम से कम उम्मीद कर रहे हैं या उम्मीद नहीं कर रहे हैं।** चल रही गति (मोमेंटम) के खिलाफ कुछ अचानक से होता है। इस तरह की घटना कभी-कभी अस्थायी हो सकती है (मतलब पहले की गति फिर से वापिस आ जाए), सट्टेबाजों को भ्रमित करने और उनसे आगे दांव लगाने में गलती करवाने के लिए!

सचेत सबल होता है - लोकप्रिय कहावत है। सट्टेबाजों को अपनी बुद्धि का उपयोग जालों का अनुमान लगाने के लिए करना होगा, उनमें गिरने से बचने के लिए, और उस प्रत्याशा या पूर्वानुमान का उपयोग अपने फायदे के लिए करना होगा, जिससे वो जालसाजों को मात दे सकें!

मुझे यकीन है कि उपरोक्त उदाहरण और यह पुस्तक (जैसा कि कोई इसे अंत तक पढ़ता है) उन्हें इसे हासिल करने में मदद करेंगे। **पाठक, कम से कम, अब सट्टे में पूँजी नहीं गंवाएंगे।**

सट्टेबाज और क्रिकेट सट्टेबाजी

लोग खेल और क्रिकेट पर सट्टा क्यों लगाते हैं? जो लोग जुआ नहीं खेलते हैं, वे अक्सर जुआरी को लालची मान कर नीचा देखते हैं। उनके लिए, दांव लगाने वाले पापी हैं और वे बर्बाद होने के योग्य हैं। असली पापियों, अपराधियों, माफियाओं, लुटेरों- क्रिकेटरों, मशहूर हस्तियों, राजनीतिक नेताओं, कॉर्पोरेट आदि के प्रति लोगों की कोई बुरी भावना नहीं होती, वे उनके हीरो होते हैं- क्योंकि वे शक्तिशाली लोग हैं और उन्हें बेचारी जनता, बेचारे आदी सट्टेबाजों को प्रतिदिन अरबों डॉलर की धोखाधड़ी का शिकार बनाने का पूरा अधिकार है। **व्यसन की आदत डालने वाले और उसके लिए उत्प्रेरित करने वाले और फिर व्यसनी का शोषण करने वाले और लूटने वाले सब ठीक हैं, व्यसनी होने वाले ही अपराधी हैं!** ऐसे हैं *दुनिया के तरीके और ऐसी है दुनिया जिसमें पाखंड की गहरी जड़ें जमी हुई हैं, इसमें (ऐसी दुनिया में) इंसान को रहना पड़ता है!*

यह सच हो सकता है कि आसान पैसे का लालच इंसानों को जुए की ओर आकर्षित करता है। लेकिन इसमें शुद्ध लालच से कहीं ज्यादा कुछ शामिल है।

क्रिकेट पर दांव लगाना या काल्पनिक खेलों (फंतासी गेम्स) में शामिल होना, जो हर दिन फल-फूल रहे हैं, और जनता, विशेषकर युवाओं को लुभा रहे हैं, जुए का ही एक रूप है। लोग सट्टेबाजी करते ही हैं। लोग ताश के खेल, रूले, चुनाव परिणाम जैसे परिणामों पर, भविष्य की घटनाओं पर, और कई अन्य तरीकों से दांव लगाते हैं, जुआ खेलते हैं, जिनमें से कई के बारे में मुझे या आपको पता भी नहीं होगा। जुए के सभी कृत्यों में परिणाम क्या होगा, इसके बारे में रोमांच का एक तत्व शामिल है। यह रोमांच कभी-कभी लालच से ज्यादा लत का कारण बनता है, हालांकि लालच शुरू में जुए की ओर ले जा सकता है। क्रिकेट सट्टे के विशेषज्ञ माने जाने वाले एडवर्ड हॉकिन्स भी ऐसा ही मानते हैं।

जब आप अनुमान लगाते हैं, तो आप जीत सकते हैं या आप हार सकते हैं। जब जुआ केवल दो लोगों के बीच होता है, जैसे मैत्रीपूर्ण शर्तों के मामले में, एक हारता है और दूसरा जीतता है। कई लोगों के बीच ताश के खेल में, कुछ

विजेता हो सकते हैं, और अधिकतर हारे हुए, या इसके विपरीत। खेल सट्टेबाजी (sports betting) में, लाखों और लाखों लोग बुकीज के माध्यम से या कुछ सट्टेबाजी प्लेटफार्मों पर सट्टेबाजी कर रहे होते हैं, अधिकांशतः उन सभी को किसी न किसी द्वारा या किसी समूह के लोगों द्वारा कहीं से केंद्रीय रूप से नियंत्रित किया जाता है। क्रिकेट सट्टेबाजी के मामले में भी ऐसा ही है, यह कहीं अधिक वृहद् 'खेल सट्टेबाजी' की एक बड़ी शाखा है।

जुआ साफ सुथरा या इसके विपरीत हो सकता है। ताश के खेल में इसे आम तौर पर साफ सुथरा कहा जा सकता है, अगर कोई पत्ते नहीं लगा रहा है या किसी और हेरफेर या अनुचित साधन का सहारा नहीं लिया जा रहा है। कोई जीतता है या हारता है, यह मुख्य रूप से उस विशेष खेल को खेलने में प्रतिभा और पत्ते या काड्र्स प्राप्त करने के भाग्य पर निर्भर करेगा। खेलों में, खेल को स्वाभाविक प्रतिस्पर्धा के साथ निष्पक्ष रूप से खेला जा सकता है, या इसे तय या फिक्स किया जा सकता है। किसी तरह, मैं आंशिक रूप से फिक्स खेल आयोजन की कल्पना करने में असमर्थ हूं। तर्क के लिए, यदि कोई घटना आंशिक रूप से तय हो, तो भी, उस आंशिक निर्धारण या फिक्सिंग से समग्र परिणाम प्रभावित होगा ही।

मुझे उम्मीद है कि अब तक हम यह देख चुके हैं कि क्रिकेट, जिस पर दुनिया भर में चौबीसों घंटे सट्टेबाजी होती है, न तो साफ-सुथरा खेल है और न ही स्वाभाविक है। यह, कम से कम, सट्टेबाजी उद्योग के लिए महत्त्वपूर्ण परिणाम वाले लगभग सभी मैचों पर लागू होगा। लगभग प्रत्येक गेंद का परिणाम स्क्रिप्टेड होता है (सत्र सट्टेबाजी के लिए आवश्यक); गेंदबाज, बल्लेबाज और क्षेत्ररक्षक - सभी स्क्रिप्टेड, निश्चित परिणाम प्राप्त करने के लिए गठबंधन करते हैं; स्क्रिप्ट को अधिक से अधिक सट्टेबाजों द्वारा अधिक से अधिक मात्रा में पैसा खोने के लिए डिजाइन किया जाता है। नतीजतन, उन करोड़ों लोगों में से जो क्रिकेट सट्टेबाजी के मैदान में भीड़ लगाते हैं, अधिकांश हार जाते हैं या हारने लगते हैं। अक्सर उन्हें यह एहसास होने में बहुत देर हो जाती है कि उनके छोटे शुरुआती नुकसान बड़े हो गए हैं। अचानक, वे पाते हैं कि उनके गले में एक फंदा कस रहा है।

अपने नुकसान की भरपाई के लिए लोग और अधिक दांव लगाते हैं और दलदल में और गहरे डूबते जाते हैं। वे एक दुष्चक्र में फंस जाते हैं। कई दिवालिया हो जाते हैं और कई आत्महत्या तक कर लेते हैं। दिवालिया

न होने या आत्महत्या न करने पर भी, एक विशाल बहुमत अपनी कमाई और धन को लगातार खोने के परिणामस्वरूप दुखी हो जाता है।

जब आप सट्टेबाजी में हार जाते हैं, तो आप कई तरह से पीड़ित होते हैं। आप इसे महसूस करें या न करें, आप अवसाद की एक सतत स्थिति में आ जाते हैं। धन हानि के अलावा, हारने पर आपके अहंकार को भी चोट लगती है। आप अपना आत्मविश्वास खो देते हैं। आप न केवल नुकसान की भरपाई के लिए, बल्कि अपने अहंकार की तुष्टि और आत्मविश्वास को वापिस पाने के लिए भी बार-बार दांव लगाते हैं।

जबकि कुछ अपने सबक सीखते हैं और सट्टेबाजी छोड़ देते हैं, ज्यादातर उपरोक्त कारणों या और प्रबल होती लत से मजबूर होते रहते हैं। व्यसन को केवल नकारात्मक अर्थों में ही नहीं लेना चाहिए, यह आनंद और आगे देखने (मन ही मन में पहले से मजा लेने) के लिए भी कुछ देता है। लेकिन कुल मिलाकर, जिसका अंतिम परिणाम खराब है वह बुरा है।

जबकि कुछ सट्टेबाजी छोड़ देते हैं, कई और नए सट्टेबाज, युवा लोग, अखाड़े में प्रवेश करना जारी रखते हैं। प्रतिभागियों की संख्या लगातार बहुत तेज गति से बढ़ रही है। ऐसा इसलिए है क्योंकि अधिक से अधिक देश क्रिकेट खेलना शुरू कर रहे हैं, महिला क्रिकेट अधिक लोकप्रिय हो रहा है, और तेजी से बढ़ते फैंटेसी या फंतासी खेल और उनकी आक्रामक मार्केटिंग बड़ी संख्या में युवाओं को आकर्षित कर रहे हैं और उन्हें अटकलबाजी और सट्टेबाजी में डाल रहे हैं।

अलग-अलग लोग अलग-अलग दांव लगाते हैं। कुछ सत्र पर, कुछ फैंसी शर्तों पर, कुछ मैच के परिणाम पर, और कुछ मिलाजुला कर इन सभी पर। कुछ लोग मैच के दौरान केवल एक बार या बहुत सीमित संख्या में बेट लगाते हैं, सीधे जीत या हार के लिए खेलते हैं; कुछ लगातार दांव लगाकर अपनी पोजीशन को बराबर करते रहते हैं और ट्रेडिंग के अवसरों की तलाश करते रहते हैं कि अंतिम परिणाम से पहले, वे कुछ भी अंतिम परिणाम होने पर जीत-जीत या कोई नुकसान नहीं-जीत की स्थिति में हों। कोई कैसे दांव लगाता है यह काफी हद तक किसी के जोखिम लेने की और वित्तीय क्षमता पर निर्भर करता है।

अधिकांश क्रिकेट सट्टेबाज, दसियों करोड़ों घनी आबादी वाले देश भारत से हैं। भारत में क्रिकेट सट्टा ग्रे क्षेत्र में जारी है। लोगों को लगता है कि यह अवैध है, जबकि टिपस्टर और ऑनलाइन सट्टेबाजी साइटों के लिए एजेंट लोग सोशल मीडिया पर इसका खुलेआम प्रचार कर रहे हैं।

मुझे इस संबंध में कुछ न्यायिक निर्णयों के बारे में 2018 के अंत में, श्री विनोद राय की अध्यक्षता में बीसीसीआई के लिए प्रशासकों की समिति की रिपोर्ट के माध्यम से पता चला, जिसका उल्लेख पिछले एक अध्याय में किया गया था। समिति द्वारा 6 खंडों में 1586 पृष्ठों के परिशिष्ट के साथ पूरी रिपोर्ट मुझे विधिवत भेजी गई थी।

2013 के एस. श्रीसंत और अन्य लोगों के खिलाफ प्रसिद्ध मामले एस.सी. नं. 115/13 में पटियाला हाउस कोर्ट के दिनांक 25 जुलाई, 2015 के आदेश में निम्नलिखित बातें भी शामिल थीं:

'... सार्वजनिक जुआ अधिनियम के तहत अपराध

240 जिस अपराध के संबंध में MCOCA लगाने की मांग की गई थी वह सट्टेबाजी और मैच फिक्सिंग का है। हालांकि, जैसा कि ऊपर चर्चा की गई है, MCOCA के अपराध का पता नहीं चला है, फिर भी इसकी जांच की जानी चाहिए कि क्या आरोपी व्यक्ति जो कथित बुकी हैं और उनके राज्य बनाम अश्विनी अग्रवाल व अन्य 175 का 134 के सहयोगियों और वाहकों द्वारा सार्वजनिक जुआ अधिनियम के तहत कोई अपराध बनता है...।

246 आधुनिक समय में, भौतिकवाद से प्रभावित और मौद्रिक लाभ से प्रेरित होकर, खेल आयोजनों में जुए की अवधारणा ने त्वरित धन की गारंटी के साथ अभूतपूर्व गति प्राप्त कर ली है। The Republic में प्लेटो ने टिप्पणी की कि "ईमानदारी अधिकांश भाग में, बेईमानी से कम लाभदायक है।" प्राचीन ज्ञान का यह कथन वर्तमान समय के परिदृश्य को सबसे उपयुक्त रूप से दर्शाता है।

247 FICCI द्वारा किए गए एक सर्वेक्षण के अनुसार 85% लोग इस बात से सहमत थे कि भारत में खेलों पर सट्टेबाजी मौजूद है। इसमें शामिल भारी नकदी प्रवाह KPMC की रिपोर्ट से स्पष्ट है, जिसमें भारत का कुल जुआ बाजार 60 मिलियन डॉलर होने का अनुमान लगाया गया है, जो भारत के सकल घरेलू उत्पाद का लगभग 3.5% है।

248 हाल के दिनों में क्रिकेट और आईपीएल मैचों में मैच फिक्सिंग और सट्टेबाजी अखबारों की सुर्खियां बन गए हैं। दिल्ली पुलिस ने अनुमान लगाया है कि एक आईपीएल मैच में कुल दांव 150 करोड़ के आसपास होगा। गुजरात में मनी लॉन्ड्रिंग एक्ट के तहत दाखिल की गयी चार्जशीट में प्रवर्तन निदेशालय द्वारा एक चौंका देने वाला आंकड़ा रु. 2469,99,08,750/-, 04.12.2014 से 19.03. 2015 के बीच खेले गए मैचों पर सट्टेबाजी के माध्यम से उत्पन्न धन के रूप में, अनुमानित किया गया है।

249 जुए और सट्टे से उत्पन्न राजस्व की चौंका देने वाली राशि के बावजूद, भारत में कानून इस क्षेत्र में प्रतिकूल रहे हैं...।

265 हालांकि क्रिकेट के खेल के संबंध में कोई न्यायिक फैसला नहीं है, लेकिन चर्चा किए गए निर्णयों में निर्धारित सिद्धांतों को लागू करते हुए, यह आसानी से ध्यान दिया जा सकता है कि क्रिकेट विशुद्ध रूप से कौशल का खेल है जिसके लिए खिलाड़ियों को व्यापक प्रशिक्षण, अभ्यास और विशेषज्ञता और कौशल की आवश्यकता होती है। यह इत्तफाक का नहीं बल्कि ज्ञान, अध्ययन और अभ्यास का खेल है, जो मुख्य रूप से प्रशिक्षण द्वारा प्राप्त विशेष क्षमता पर निर्भर करता है।

266 कौशल के खेल के रूप में बॉल को फेंकने, पकड़ने और मारने के लिए हाथ और आँख के समन्वय की आवश्यकता होती है। क्षेत्ररक्षण के दौरान और स्टंप के बीच, दोनों में गति की आवश्यकता होती है। बॉउंड्रीज मारने के लिए सहनशक्ति, आंतरिक बल, और पाशविक शक्ति की आवश्यकता होती है। बल्लेबाजों को रिक्त स्थान खोजने के लिए या गेंदबाजों को विभिन्न शैलियों (मध्यम गति, तेज, इन-स्विंग, आउट-स्विंग, ऑफ-स्पिन, लेग-स्पिन, गुगली) की गेंदबाजी के लिए सूक्ष्म स्तर की सटीकता और मानसिक सतर्कता की आवश्यकता होती है। खेल को रणनीतिक मास्टरमाइंड की आवश्यकता होती है जो बल्लेबाजों पर दबाव डालने के लिए सबसे कुशल क्षेत्ररक्षण स्थानों का चयन कर सकते हैं। उपरोक्त विवरण के आधार पर क्रिकेट को और कुछ भी नहीं, बल्कि कौशल के खेल के रूप में वर्णित किया जा सकता है।

267 इसलिए, क्रिकेट के खेल को संयोग का खेल नहीं माना जा सकता है, लेकिन यह कौशल का खेल है जिसे सार्वजनिक जुआ अधिनियम की धारा 12 के तहत जुआ की परिभाषा से छूट दी गई है।

268 इसलिए, भले ही यह स्वीकार कर लिया जाए कि आईपीएल 6 में बड़े पैमाने पर सट्टेबाजी चल रही थी, लेकिन यह सार्वजनिक जुआ अधिनियम की धारा 12 के तहत बाहर की गई गतिविधि है, और यह कोई अपराध नहीं है जिसके लिए किसी भी आरोपी को उत्तरदायी ठहराया जाए।

269 यह निष्कर्ष निकालने के बाद कि सट्टेबाजी और मैच फिक्सिंग की प्रकृति में जुए के कृत्यों को किसी भी दंड संहिता के किसी भी वैधानिक प्रावधान द्वारा कवर नहीं किया जाता है, यह अभी भी ध्यान देने योग्य होगा कि विशेष प्रकोष्ठ (Special Cell) के प्रयास दूषण को सामने लाये हैं जो खेलों

में, विशेष रूप से आईपीएल जैसे व्यावसायिक खेलों में, दबे पाँव घुस चुका है। इसने न केवल खिलाड़ियों के आचरण का पर्दाफाश किया है, बल्कि तथाकथित बुकीज और संवाहकों के भी आचरण को उजागर किया है जो मैच फिक्सिंग और सट्टेबाजी के माध्यम से पैसे के इस बड़े खेल में जुड़े हुए हैं। लेकिन, कानून के दायरे में इस संबंध में कानून के विशाल शून्य को देखते हुए, यह न्यायालय किसी भी दंडात्मक कानून के तहत आगे बढ़ने के लिए असहाय है।

270 यहां यह उल्लेख करना उचित होगा कि खिलाड़ियों द्वारा फिक्सिंग के संबंध में इसी तरह की स्थिति वर्ष 2000 में उत्पन्न हुई थी जिसमें कि प्रसिद्ध खिलाड़ी अजहरुद्दीन और अन्य खिलाड़ियों का नाम भी शामिल था। सीबीआई द्वारा प्रारंभिक जांच की गई थी लेकिन यह बताया गया था कि सत्र/मैच फिक्सिंग में शामिल इन खिलाड़ियों के खिलाफ भारत की दंड संहिता के तहत कोई अपराध नहीं बनता है। स्थिति से अवगत होने के बावजूद इन स्थितियों को कवर करने के लिए आज तक कोई कानून नहीं बनाया गया है।

271 स्पाइसर बनाम होल्ट (1976) 3 All ER 71 में हाउस ऑफ लॉर्ड्स द्वारा की गई टिप्पणियों का उल्लेख किया जा सकता है कि जब किसी नागरिक की स्वतंत्रता का उल्लंघन करने वाले आपराधिक अपराध से निपटने वाले एक कानून में एक लूप होल (बचाव का रास्ता) पाया जाता है, तो इसे ठीक करना न्यायाधीशों के लिए नहीं था, क्योंकि इस सिद्धांत को तोड़ना खतरनाक है कि एक नागरिक को यह दावा करने का अधिकार है कि चाहे उसके आचरण को कितना भी सजा के लायक देखा जा सकता हो, फिर भी उसे तब तक दोषी नहीं ठहराया जाएगा जब तक कि वह आचरण उस जगह अपराध की परिभाषा के भीतर नहीं आता जहां उस पर आरोप लगाया गया है। इसलिए, हस्तक्षेप करना और कानून में संशोधन करना विधायिका का काम है।

273 इस संदर्भ में, यह उल्लेख करना उचित होगा कि भारतीय क्रिकेट कंट्रोल बोर्ड के उनके मौजूदा नियम हैं। एंटी करप्शन कोड है जिसके तहत मैच को किसी भी तरह से फिक्स करना या अन्यथा किसी भी तरह से प्रभावित करना या ठीक से प्रभावित करना या किसी मैच या घटना के परिणाम, प्रगति, आचरण या किसी अन्य पहलू को फिक्स करने या अन्यथा अनुचित तरीके से प्रभावित करने का हिस्सा होना या किसी भी रिश्वत या इनाम को स्वीकार करने की मांग करना, जो परिणाम, प्रगति, आचरण या मैच या घटना के किसी भी पहलू को प्रभावित करेगा; और किसी भी भागीदार को ऊपर वर्णित अपराध

करने के लिए आग्रह करना या सुविधा देना, भ्रष्टाचार होगा। इसी तरह, भ्रष्टाचार विरोधी संहिता के तहत, प्रगति, संबंध, आचरण या किसी अन्य पहलू या किसी मैच या घटना के संबंध में किसी अन्य पार्टी के साथ किसी भी शर्त को रखने, स्वीकार करने, या अन्यथा कोई भी दांव लगाने को "सट्टेबाजी" माना गया है। प्रतिभागी के प्रत्यक्ष या अप्रत्यक्ष लाभ के लिए किसी अन्य पार्टी को शर्त लगाने के लिए आग्रह करना, राजी करना, प्रोत्साहित करना, सुविधा देना या अधिकृत करना और किसी मैच या घटना में किसी विशेष होनी को सुनिश्चित करना सट्टेबाजी के बराबर होगा।

274 एंटी करप्शन कोड में मैच या इवेंट से पहले किसी भी व्यक्ति को अंदर की जानकारी का खुलासा करना भी शामिल है, जहां प्रतिभागी प्राप्त कर सकता है या जान सकता है कि ऐसी परिस्थितियों में ऐसी जानकारी के खुलासे का उपयोग सट्टेबाजी के संबंध में किया जा सकता है।

275 मैच फिक्सिंग और सट्टेबाजी का अपराध और इन गतिविधियों को आगे बढ़ाने में खिलाड़ियों / बुकीज के आकस्मिक आचरण को भारतीय क्रिकेट कंट्रोल बोर्ड की भ्रष्टाचार विरोधी संहिता के तहत कवर किया गया है। दोषी खिलाड़ियों और अन्य लोगों के खिलाफ आवश्यक दंडात्मक कार्रवाई पहले ही मंजूर की जा चुकी है।

भारतीय दंड संहिता, 1807 के तहत धोखाधड़ी

277 "मैच फिक्सिंग" को सीबीआई ने अपनी प्रारंभिक रिपोर्ट (वर्ष 2000 में) में परिभाषित किया था:

(i) ऐसे मामले जहां किसी खिलाड़ी या खिलाड़ियों के समूह ने खराब प्रदर्शन करने के लिए व्यक्तिगत/सामूहिक रूप से धन प्राप्त किया;

(ii) ऐसे उदाहरण जहां एक खिलाड़ी ने उन मैचों में दांव लगाया जिनमें वह खेला था जो स्वाभाविक रूप से उसके प्रदर्शन को कमजोर करेगा, उसका अवमूल्यन करेगा;

(iii) ऐसे मामले जहां खिलाड़ी टीम की संरचना, संभावित परिणाम, पिच की स्थिति, मौसम आदि के बारे में सट्टेबाजी सिंडिकेट को जानकारी देते हैं,

(iv) ऐसे मामले जहां ग्राउंड्समैन को, राज्य बनाम अश्विनी अग्रवाल और अन्य 175 का 147, पिच तैयार करने के लिए पैसे दिए गए थे, जो पिच एक तरह से सट्टेबाजी सिंडिकेट के अनुकूल हो; तथा

(v) ऐसे मामले जहाँ वर्तमान और पूर्व खिलाड़ियों को बुकीज द्वारा 'उनके प्रदर्शन को प्रभावित करने के लिए भारतीय और विदेशी खिलाड़ियों तक पहुंच हासिल करने के लिए' इस्तेमाल किया जा रहा हो।"

280 मैच फिक्सिंग के मामले में, जब कोई खिलाड़ी बुकीज से पैसे प्राप्त करने के तथ्य को छुपाता है, तो इसे 'धोखा' नहीं कहा जा सकता क्योंकि यह साबित करना होता है कि दर्शकों को गलत तरीके से नुकसान पहुंचाने का इरादा था।

281 वर्तमान मामले में, दर्शकों को जो गलत नुकसान हुआ है, वह सामने नहीं आ रहा है, सिवाय इसके कि उन्हें यह जानकर घृणा हुई कि कुछ खिलाड़ियों ने अपनी क्षमता के अनुसार प्रदर्शन नहीं किया।

किसी भी पार्टी को अपने आप में (per se) कोई गलत तरीके से नुकसान नहीं हुआ है।

282 इसके अलावा, धोखाधड़ी एक अपराध नहीं है, जिसे रेम (rem) में नहीं किया जा सकता है, बल्कि यह (धोखाधड़ी) एक विशिष्ट व्यक्ति के खिलाफ होनी चाहिए। आम तौर पर जनता के साथ धोखा यह है कि उन्हें यह सोचने देना कि मैच फिक्स नहीं है। जहां अपराध वह है जहां व्यापक रूप से जनता प्रभावित होती है, कानून में इस्तेमाल किए गए शब्द जनता या सामान्य रूप से लोगों के लिए हैं और संदर्भ किसी विशिष्ट पीड़ित का नहीं है। साथ ही, इस धारा में आरोपी और पीड़ित के बीच संपत्ति के हस्तांतरण की आवश्यकता होती है। मैच फिक्सिंग के मामले में ऐसा कोई स्थानांतरण नहीं है और इसलिए, यह नहीं कहा जा सकता है कि 420 आईपीसी का अपराध बना है।

अंतिम निष्कर्ष

283 पूर्वगामी विस्तृत चर्चा से, यह निष्कर्ष निकाला जा सकता है कि यदि अभियोजन के पूरे साक्ष्य को स्वीकार कर लिया जाता है, तो भी यह स्थापित नहीं होता है कि दाऊद-छोटा शकील का एक मूल अपराध सिंडिकेट मौजूद है जो सट्टेबाजी और मैच फिक्सिंग के संगठित अपराध में लिप्त है, और इस प्रकार उत्पन्न धन से हवाला के माध्यम से भी निपट रहा है। अभियोजन यह स्थापित करने में सक्षम नहीं है कि अपराध सिंडिकेट की कोई भी गैरकानूनी गतिविधि जारी है क्योंकि यह सिंडिकेट के खिलाफ पिछले 10 वर्षों में एक से अधिक प्राथमिकी दर्ज होने की आवश्यकता को पूरा करने में अक्षम रहा है। संगठित समूह के हिस्से के रूप में डॉ. जावेद चुटानी के साथ विभिन्न आरोपियों के बीच

कोई संबंध या लिंक स्थापित नहीं किया गया है। इसके अलावा, जिस अपराध के संबंध में MCOCA लागू करने की मांग की गई है, वह सट्टेबाजी और मैच फिक्सिंग से संबंधित है, जैसा कि ऊपर चर्चा की गई है, किसी भी दंड कानून में फिट नहीं है। MCOCA के प्रावधानों के तहत प्रथम दृष्टया मामला स्थापित करने के लिए सभी आवश्यक सामग्री नहीं बनाई गई है। सबसे अच्छा मामला सार्वजनिक जुआ अधिनियम के तहत हो सकता था, लेकिन वह भी प्रथम दृष्टया अभियोजन द्वारा रिकॉर्ड किए गए साक्ष्य से स्थापित नहीं होता है। धोखाधड़ी का अपराध भी प्रथम दृष्टया नहीं बनता है, भले ही अभियोजन के पूरे सबूत को औपचारिक सबूत के बिना स्वीकार कर लिया जाए।

284 दी गई स्थिति में, क्योंकि यह अदालत देश के कानून के साथ बाध्य है, यह निष्कर्ष निकालने के लिए बाध्य है कि MCOCA या किसी अन्य दंड कानून के तहत किसी भी आरोपी व्यक्ति के खिलाफ कोई प्रथम दृष्टया मामला प्रकट नहीं किया गया है, वे सब मुक्त होने के अधिकारी हैं।

285 तदनुसार उन्हें मुक्त किया जाता है। जमानत पत्र रद्द।

फाइल को रिकॉर्ड रूम में भेजा जाए।

खुले दरबार में (नीना बंसल कृष्णा)

आज 25 जुलाई, 2015 को घोषित ASJ-01/नई दिल्ली जिला

पटियाला हाउस कोर्ट

नई दिल्ली'

इस न्यायिक आदेश में भाषा संबंधी (अंग्रेजी में) कुछ त्रुटियां हैं, जिनमें से कुछ को मेरे द्वारा ठीक कर दिया गया है। मैंने ऊपर उन अंशों को पुनः प्रस्तुत किया है जो मुझे इस पुस्तक के विषय के लिए प्रासंगिक प्रतीत होते हैं। कोई भी इस लिंक के माध्यम से इंटरनेट पर उपलब्ध पूर्ण निर्णय को देख सकता है: https://indiankanoon.org/doc/157530530/ यह कुछ अन्य लिंक के तहत भी उपलब्ध हो सकता है।

यह आदेश न केवल सट्टेबाजी अपितु सभी क्रिकेट प्रेमियों के लिए आंखे खोलने वाला है। इससे ये महत्त्वपूर्ण बातें उभरती हैं:

1. किसी न्यायिक प्राधिकरण ने वर्षों पहले स्पष्ट फैसला सुनाया है कि भारत में क्रिकेट सट्टेबाजी अवैध नहीं है (पैरा 267), जबकि आम तौर पर इसके विपरीत माना जाता है, और अधिकतर लोग अभी तक इसके बारे में अनजान हैं।

2. पैरा 247 और 248 में वर्णित सट्टेबाजी के आंकड़े थोड़े भ्रमित करने वाले हैं। यह स्पष्ट नहीं है कि पैरा 248 में उल्लिखित आंकड़े अकेले भारत से संबंधित हैं या नहीं। यदि ऐसा है, तो कुछ विरोधाभास प्रतीत होता है, क्योंकि पैरा 248 में बताए गए अनुसार साढ़े तीन महीने की अवधि में मैचों पर सट्टेबाजी के माध्यम से उत्पन्न अवैध धन, पैरा 247 में उल्लेखित भारत के समग्र वार्षिक जुआ बाजार से कई गुना अधिक है। अन्यथा भी, एक आईपीएल मैच पर विश्व स्तर पर या केवल भारत में कुल 150 करोड़ रूपये का दांव यथार्थ से बहुत कम है।

आईपीएल, 2022 के दौरान, अकेले ऑनलाइन सट्टेबाजी साइटों में से दो पर, एक मैच के लिए कुल मिलान किए गए दांव (सिर्फ मैच के परिणाम के लिए, सत्र और अन्य फैंसी सट्टेबाजी के अलावा) औसतन लगभग 150 करोड़ अंक थे। यदि कोई अंक औसतन एक डॉलर के बराबर है, तो केवल 2 साइटों से लगभग 1.5 बिलियन (अरब) डॉलर के बराबर दांव लगे। यह सिर्फ मैच के नतीजे के लिए है। कम से कम भारत में आईपीएल के दौरान ऐसी दसियों छोटी साइटें काम कर रही हैं, और अधिक ऐसी साइटें खुल रही हैं। नई ऑनलाइन साइटों का सोशल मीडिया पर, टिपस्टरों द्वारा या अन्यथा आक्रामक रूप से विपणन किया जा रहा है। फिर कुछ प्रमुख ग्लोबल साइटें हैं जैसे betfair, bet 365, betway आदि। लगभग 50 प्रमुख वेबसाइटें Google सर्च के माध्यम से आसानी से मालूम हो जाती हैं। और भारत जैसे देशों में बुकीज के माध्यम से फोन पर लगाए गए दांवों की मात्रा भगवान ही जानता है। इसलिए इन सब तथ्यों के मद्देनजर, यह सुरक्षित रूप से कहा जा सकता है कि एक आईपीएल मैच पर इस लेखन के समय (एक वर्ष में हजार से अधिक ऐसे दूसरे मैच हो रहे हैं, हालांकि आईपीएल की समग्र लोकप्रियता को देखते हुए शायद आईपीएल मैचों में अधिकतम सट्टा लगता है), 50 अरब डॉलर से अधिक के दांव लगते हैं, जो पैरा 248 में उल्लिखित राशि से सैंकड़ों गुना अधिक है। हालांकि हम यह तुलना लगभग 7 साल के अंतराल से कर रहे हैं। तथापि, वर्तमान आंकड़े स्पष्ट रूप से क्रिकेट सट्टेबाजों की संख्या और दुनिया भर में सट्टेबाजी की मात्रा में तेजी से वृद्धि दिखाते हैं। **यह भी स्पष्ट होता है कि सट्टेबाजी के आंकड़ों के बारे में अधिकारी या तो बिल्कुल अँधेरे में हैं, या जानबूझकर सही आंकड़ें छिपाते हैं।**

वैसे तो इन अनुमानों में ज्यादा त्रुटि की गुंजाइश नहीं है, कोई त्रुटि हो तब भी स्पष्ट है कि क्रिकेट मैचों पर सट्टे की रकम बहुत बड़ी होती है, कई बिलियन

या अरब डॉलर, जो एक आम आदमी की निरंकुश कल्पना से भी परे है। क्रिकेट सट्टेबाजी काफी बड़ा बाजार है, हालांकि बड़े पैमाने पर जनता को इसका जरा भी अंदाजा नहीं है। ऑनलाइन सट्टेबाजी साइटों के माध्यम से चौबीसों घंटे बड़ी संख्या में क्रिकेट मैचों पर दांव लगाया जा रहा है- अंतर्राष्ट्रीय मैच, लीग मैच और अन्य विविध मैच- इसे देखते हुए, कोई भी सुरक्षित रूप से कह सकता है कि **औसतन क्रिकेट सट्टेबाजी उद्योग प्रतिदिन 30 बिलियन डॉलर से अधिक का कारोबार करता है। कई देशों के कुल कर्जे से भी ज्यादा!**

3. 7 साल पहले एक अदालत ने यह अफसोस जताया था कि मौजूदा कानून मैच फिक्सिंग के खतरे से निपटने के लिए पूरी तरह से अपर्याप्त हैं, और यह बात पूरी व्यवस्था के संज्ञान में कम से कम वर्ष 2000 से है। फिर भी, इस अवधि के दौरान सत्ता में 'भ्रष्टाचार के खिलाफ जीरो टॉलरेंस' सरकार सहित भारत में किसी ने भी बिलकुल चिंता नहीं की है। इसके विपरीत, उन दिनों कुछ समय के लिए प्रचलित हुई कुछ प्रभावी कानून बनाने की बात गधे के सिर से सींग की तरह बिलकुल गायब हो गई है। क्रिकेट सट्टेबाजी भी ग्रे क्षेत्र में बनी हुई है, जिससे भारत में करोड़ों क्रिकेट सट्टेबाजों को बहुत नुकसान हो रहा है। उनके पास बेटिंग सिंडिकेट द्वारा धोखाधड़ी या मनमानी के खिलाफ कोई कानूनी सहारा नहीं हो सकता है। वे किसी भी उचित कानून के अभाव में ऑनलाइन सट्टेबाजी साइटों और बुकीज की दया पर रहते हैं।

4. मैच फिक्सिंग का मतलब यही समझा जाता है कि क्रिकेट की दुनिया में कुछ खिलाड़ियों को कुछ बुकीज द्वारा उनके निर्देशों के अनुसार कार्य करने के लिए फुसलाया जाता है- क्रिकेट बोर्डों और आईसीसी के आंतरिक भ्रष्टाचार विरोधी निकायों के साथ-साथ क्रिकेट की दुनिया से बाहर कानून लागू करने वाली एजेंसियों द्वारा भी यही दर्शाया जाता है। हकीकत में मैच फिक्सिंग कुछ और ही है। ऐसा लगता है कि क्रिकेट निकाय जिस चीज से बचाव कर रहे हैं या जिसके लिए उनकी भ्रष्टाचार विरोधी यूनिट हैं, वह यह है कि कोई भी खिलाड़ी अपने आप संस्था द्वारा दी गयी स्क्रिप्ट के बाहर न खेले। वास्तविक खतरे- आईसीसी और स्वयं बीसीसीआई सहित विभिन्न क्रिकेट बोर्डों द्वारा क्रिकेट का कुल संस्थागत भ्रष्टाचार- के बारे में इन आंतरिक भ्रष्टाचार-विरोधी निकायों द्वारा स्वाभाविक रूप से कभी भी बात नहीं की जाती है, और आम जनता, करोड़ों क्रिकेट बेटर्स (सट्टेबाजों), और क्रिकेट की दुनिया के बाहर कानून लागू करने वाली एजेंसियों के लिए मैचों की हकीकत समझ से बाहर है।

संक्षेप में, भ्रष्टाचार तब होता है जब व्यवस्था सदाचार को माने और कोई उसका उल्लंघन करे। क्रिकेट में क्योंकि पूरी व्यवस्थात्मक भ्रष्टता है, इसलिए कोई आचरण भ्रष्ट नहीं है। एक पूरी तरह से दूषित सागर में आप किस हिस्से को या किस को दूषण के लिए इंगित करेंगे?

5. क्रिकेट सट्टेबाजी की भारी मात्रा की चर्चा के बावजूद, माननीय न्यायालय मैच फिक्सिंग से सट्टेबाजों को हुए नुकसान का कोई संज्ञान नहीं लेता है। इसके अनुसार, फिक्सिंग धोखा नहीं है, क्योंकि इससे दर्शकों को कोई गलत नुकसान नहीं होता है। **भारतीय न्यायालयों के लिए सट्टेबाज, दसियों लाखों मानव, एक अस्तित्वहीन इकाई हैं, या एक ऐसी इकाई हैं जिसका एक विशालकाय पब्लिक फ्रॉड का शिकार होना जायज है या वह कोई मुद्दा ही नहीं है।**

6. **क्रिकेट सट्टेबाजों को खुद ही अपनी देख-रेख करनी होगी, अपना बचाव करना होगा;** यहां तक कि अदालतें (इस आदेश के बाद के अच्छी तरह से प्रलेखित घटनाक्रमों द्वारा और भी अधिक पुष्ट) भी उनके बचाव में नहीं आएंगी। क्रिकेट में संस्थागत मैच फिक्सिंग, बॉल बाइ बॉल या गेंद दर गेंद फिक्सिंग, औचित्य और सार्वजनिक ईमानदारी के सभी मानदंडों को तोड़ते हुए, पूरी मानवता द्वारा घोर झूठ के अनुसरण का एक ज्वलंत उदाहरण बन कर, खुले तौर पर और बेशर्मी से जारी रहेगी। **यह कुल झूठ धोखाधड़ी से ही नहीं, बल्कि टीवी चैनलों, समाचार पत्रों और पत्रिकाओं, सैकड़ों इंटरनेट साइटों, नेताओं, सरकारों और मशहूर हस्तियों के माध्यम से चौबीसों घंटे इस धोखाधड़ी के खुले विपणन और उत्सव से प्रकट होता है।**

7. इन सबसे अधिक महत्त्वपूर्ण, **उपरोक्त स्पष्ट रूप से दर्शाता है कि सम्पूर्ण व्यवस्था, न सिर्फ न्यायप्रणाली बल्कि राजनीतिक प्रणाली भी एक महाकाय फ्रॉड का बाल भी बांका करने में किस प्रकार नितांत नाकारा है। वो अलग बात है और उसे समझना बहुतों के लिए मुश्किल होगा कि ऐसा इसलिए है क्योंकि मीडिया सहित पूरी व्यवस्था इस तरह के महाकाय फ्रॉडों से ही पोषित है।**

आज से वर्षों पहले अपने खर्चे पर मैंने **'क्रिकेट सबसे बड़ा फ्रॉड और मूर्ख बनते लोग'** पुस्तक की प्रति विभिन्न पार्टियों और विभिन्न राज्यों के दसियों सांसदों को भेजी थी, कई सम्पादकों को भी। इस फ्रॉड से सम्बंधित दस्तावेज भी पुस्तक में दिए गए थे। **छोट-छोटे मुद्दों पर बड़ी-बड़ी बातें करने वाले इन नेताओं और सम्पादकों से अपेक्षित था कि इस विशालकाय पब्लिक**

फ्रॉड पर लगाम लगाने के लिए कुछ चेष्टा करें, पर किसी ने भी ऊँगली तक नहीं हिलाई। यह है प्रजातंत्र और मानव जगत की अन्धकारमय काली हकीकत!

1586 पृष्ठों के परिशिष्ट के साथ सीओए (प्रशासक समिति) की विशाल रिपोर्ट मानव विकास पर, सामूहिक मानव बुद्धिमत्ता पर एक बड़ा सवालिया निशान खड़ा करती है। कुछ भी हासिल न करने के लिए इतनी ऊर्जा और प्रयास बर्बाद! बल्कि यह सुनिश्चित करने के लिए बर्बाद किये गए कि झूठ की जीत जारी रहे, और वास्तविकता छद्मावरण में रहे और जनता से छिपी रहे!

मैं समझता हूं कि भारत के अलावा दुनिया के कुछ अन्य हिस्सों में भी क्रिकेट सट्टेबाजी एक ग्रे क्षेत्र बना हुआ है। इसलिए, वहां के क्रिकेट सट्टेबाजों को भी इसका खामियाजा भुगतना पड़ रहा होगा।

क्रिकेट मैचों पर कोई कैसे अटकलें लगाता है? अलग-अलग कारक अलग-अलग लोगों को नियंत्रित करते हैं। कुछ अपने पूर्वाभास का सहारा लेते हैं। कुछ खिलाड़ियों और टीमों की प्रतिष्ठा से चलते हैं। कुछ क्रिकेट कमेंटेटरों और विशेषज्ञों से प्रभावित होते हैं, जिसमें वे पिच आदि के बारे में बताते हैं। कुछ टीमों और भाग लेने वाले खिलाड़ियों के हालिया और पिछले प्रदर्शनों का अध्ययन करते हैं। कुछ एक मैच में गति के साथ दांव लगा सकते हैं, कुछ गति के खिलाफ जा कर दांव लगा सकते हैं। सट्टेबाजी और दांव लगाते समय अधिकांश बेटर्स इन सभी या कुछ अन्य कारकों के संयोजन द्वारा नियंत्रित होते हैं। कुछ बुकीज की पसंदीदा टीम के लिए दांव लगाते हैं, कुछ उस टीम के खिलाफ दांव लगाते हैं।

कुछ अपने दम पर या किसी के मार्गदर्शन में ढेर सारे डेटा और सांख्यिकीय विश्लेषण करते हैं। इस विषय पर पुस्तकें भी उपलब्ध हैं। संभवत: फैंटेसी खेलों में लिप्त हजारों या लाखों, विशेष रूप से पढ़े-लिखे और होशियार युवा, इस तरह के बहुत सारे विश्लेषण कर रहे हैं और अपनी स्मार्टनेस से खुश हैं। हम एक संक्षिप्त अध्याय में फंतासी खेलों पर अलग से चर्चा करेंगे। कोई भी डेटा या सांख्यिकीय विश्लेषण तभी प्रासंगिक हो सकता है जब उसे स्वाभाविक रूप से होने वाली किसी चीज पर लागू किया जाए। नहीं? **वैसे भी, लगभग सभी डेटा विश्लेषण जो किए जा रहे हैं या जिनके बारे में बात की जाती है, पूरी तरह से गलत धारणा पर आधारित हैं कि प्राकृतिक प्रतिस्पर्धी क्रिकेट खेली जाती है।**

क्रिकेट सट्टेबाजी एक महासागर होने के नाते, अनेकों कारक अनेकों सट्टेबाजों को नियंत्रित करते हैं। एक सट्टेबाज को कुछ भी नियंत्रित करे या कोई कैसे भी अनुमान लगाए, किसी भी सामान्य सट्टेबाज के लिए अंतर्निहित धारणा यह रहती है कि एक मैच में भाग लेने वाले सभी खिलाड़ी और टीम ईमानदारी से और जमकर प्रतिस्पर्धा करेंगे और जीतने के लिए अपना सर्वश्रेष्ठ प्रयास करेंगे। इस प्रकार, सट्टेबाजी के लिए सभी अटकलें पूरी तरह से गलत धारणा पर आधारित होती हैं, और इसलिए सामान्य से अधिक गलत होने की संभावना होगी ही (उस तुलना में यदि ये सही धारणा पर आधारित होतीं)। फिर भी, कुछ अटकलें सही साबित होंगी, क्योंकि एक टीम को जीतना है और दूसरी को हारना है (टाई और टेस्ट मैचों में ड्रॉ को छोड़कर); अंत में कुछ सत्र स्कोर होगा ही। लेकिन निश्चित रूप से, समय के साथ, अधिक से अधिक सट्टेबाज खुद को हारता और भारी हारता हुए पाते हैं।

कुछ लोग तर्क देना चाहेंगे, और बिल्कुल सही, कि ऑनलाइन सट्टेबाजी साइटों पर एक मैच के परिणाम के लिए सभी दांव मेल खाते हैं। मिलान किए गए दांव का मतलब है कि किसी भी ऑड्स पर टीम के लिए आपके दांव का मिलान किसी अन्य द्वारा लगाए गए विपरीत दांव से किया गया है। इसलिए, बेटिंग साइट को कोई मतलब नहीं, कोई लाभ या हानि नहीं, चाहे मैच का परिणाम कुछ भी हो। वे सिर्फ अपनी दलाली कमाते हैं; जितना बड़ा वॉल्यूम, उतना ज्यादा ब्रोकरेज (दलाली)। चूंकि हम क्रिकेट की वास्तविकता को बिना किसी संदेह के जानते हैं, इस तर्क का उत्तर केवल एक ही हो सकता है, और काफी सरल है। जबकि कुछ हद तक, एक सट्टेबाज के दांव का मिलान दूसरे सट्टेबाज द्वारा किया जाता है, सट्टेबाजों द्वारा लगाए गए अधिकांश दांवों का मिलान स्वयं सट्टेबाजी सिंडिकेट द्वारा किया जाता है (वे जो क्रिकेट की बड़े पैमाने पर धोखाधड़ी को नियंत्रित करते हैं) और यह वे हैं जिन्हें लाभ होता है जब सभी सट्टेबाज या बेटर्स संयुक्त रूप से हारते रहते हैं।

इसकी पुष्टि करने के लिए कि सट्टेबाजों के दांव साथी सट्टेबाजों के अलावा किसी और से मेल खाते हैं, एक और बहुत स्पष्ट संकेत भी है। जैसा कि पहले उल्लेख किया गया है, भारत में सक्रिय सट्टेबाजी साइटें अंक में मिलान किए गए दांव को दर्शाती हैं। विभिन्न उपयोगकर्ताओं/विभिन्न सट्टेबाजों के लिए इस अंक का अलग-अलग मूल्य होता है। एक अंक या पॉइंट का मूल्य एक के लिए 50 रूपये और किसी और के लिए 100 रूपये हो सकता है। इसका स्पष्ट अर्थ है

कि वास्तविक मौद्रिक संदर्भ में, सट्टेबाजों के सभी दांव अन्य सट्टेबाजों के दांवों से मेल नहीं खाते हैं। कुछ भी साफ-सुथरा नहीं है; बहुत गड़बड़ स्पष्ट रूप से इंगित है। चीजों को ग्रे एरिया में रखने से इस गड़बड़ को और मदद मिलती है।

हत्याएं किसी मनोरंजन के लिए नहीं की जाती हैं। माफिया मनोरोगी भी नहीं हैं। इतने विशाल स्तर पर क्रिकेट मैचों की संस्थागत फिक्सिंग कोई बच्चों का खेल नहीं है; बल्कि उससे बहुत दूर है। एक उद्देश्य के लिए वैश्विक मीडिया और राष्ट्रीय सरकारों सहित कई विविध ताकतों का मिलकर कार्य करना आवश्यक है। वह उद्देश्य कुछ और नहीं हो सकता है, इसके सिवाय कि इन समझ से परे सट्टेबाजी राशियों में से एक बड़े हिस्से को पॉकेट में डालना। भले ही माफिया का स्पष्ट लाभ सट्टेबाजी की कुल राशि का सिर्फ 20% ही हो, फिर भी उन्हें एक आईपीएल मैच में कई बिलियन डॉलर की कमाई होगी। औसतन उन्हें होने वाली रोजाना कमाई कहीं अधिक होगी, यह देखते हुए कि कैसे एक दिन में कई कई मैचों पर सट्टा लगता है। ऊपरी सीमा कुछ भी हो सकती है। यह बड़ा पैसा दुनिया भर में क्रिकेट के लाखों सट्टेबाजों की जेब से जाता है, शायद उनमें से अधिकांश भारत से हैं। लोगों के सारी पूँजी खोने और दिवालिया या दिवालिया जैसा होने के उदाहरण भरे पड़े हैं।

करोड़ों लोगों में से कई ऐसे भी होंगे जो क्रिकेट मैच फिक्स होने की धारणा के आधार पर सट्टा लगाते हैं। उनमें से भी बहुत कम ही क्रिकेट की वास्तविकता को पूरी तरह से समझते होंगे। उनमें से अधिकांश अस्पष्ट तरीके से फिक्सिंग के बारे में सोचते हैं, क्योंकि उनके दिमाग में यह भरा गया है कि कुछ खिलाड़ियों को कुछ बुकीज द्वारा अब तब उनके अनुसार करने के लिए फंसाया जाता है। चल रहे क्रिकेट मैचों पर सट्टे के माध्यम से उनको भी समय के साथ अपना पैसा खोना तय है, क्योंकि जो इस विशाल फ्रॉड को नियंत्रित करते हैं, वे सब प्रकार के सट्टेबाजों को ध्यान में रखते हैं ।

ऐसे कई क्रिकेट सट्टेबाज होंगे जो आंशिक रूप से या पूरी तरह से किसी टिपस्टर या एक से अधिक टिपस्टर का अनुसरण करते हैं। वे भी लंबे समय में हारने के लिए बाध्य हैं जैसा कि हम पहले के एक अध्याय में देख चुके हैं।

जो लोग क्रिकेट की वास्तविकता को पूरी तरह से समझते हैं, यदि वे क्रिकेट मैचों पर दांव लगाते हैं, तो उनके भी हारने की संभावना होती है, इसका सीधा सा कारण यह है कि वे जानते हैं कि मैच पूरी तरह से स्क्रिप्टेड हैं, लेकिन यह नहीं जानते कि स्क्रिप्ट क्या होगी या यह कब कैसे सामने आएगी।

सट्टेबाजी करते समय अधिकांश बेटर्स डर और लालच के वशीभूत होते हैं। और ज्यादा जीतने का लालच और हारने का डर। बेटिंग सिंडिकेट इसे अच्छी

तरह से जानते और समझते हैं, और अपनी स्क्रिप्टिंग के माध्यम से सट्टेबाजों की इन भावनाओं का पूरा फायदा उठाते हैं। सट्टेबाजी करते समय सभी प्रकार के बेटर्स अर्थात् सट्टेबाज इन भावनाओं द्वारा शासित होते हैं।

सबसे बढ़कर, जो इस तरह की एक बड़े पैमाने पर खुली सार्वजनिक धोखाधड़ी को नियंत्रित करते हैं, वे मूर्ख नहीं हैं, वे सट्टेबाजों द्वारा हर संभव कदम या प्रयास को जानते और समझते हैं, वे जानते हैं कि कब सट्टेबाज क्या सोचेंगे, और तदनुसार ऑड्स को चलाने से लेकर मैदान में खेल तक हर चीज में हेरफेर करते हैं, हर चीज को तोड़ते मरोड़ते हैं। क्रिकेट की वास्तविकता के सामने क्रिकेट सट्टेबाजों द्वारा किए गए किसी भी सच्चे अध्ययन और प्रयासों का कोई परिणाम नहीं होता। **क्रिकेट से संबंधित सभी विश्लेषण, सांख्यिकीय या अन्यथा, एक स्वाभाविक मौत मर जाते हैं।**

यह ध्यान रखें कि माफिया के पास एक ब्रह्मास्त्र हमेशा है। वे कभी भी स्क्रिप्ट में बदलाव करके उसे मैदान में निष्पादित करवा सकते हैं।

यह ध्यान रखें कि माफिया के पास एक ब्रह्मशास्त्र हमेशा है। वे कभी भी स्क्रिप्ट में बदलाव मैदान में निष्पादित करवा सकते हैं।

इसलिए, किसी के लिए भी सबसे अच्छा दांव क्रिकेट मैचों पर दांव नहीं लगाना होगा। और यही मैं सोशल मीडिया पर, अपनी पुस्तकों और लेखों के माध्यम से, लगभग एक दशक से, परोक्ष रूप से और स्पष्ट रूप से सुझाव दे रहा हूं।

लेकिन मीडिया ने सुनिश्चित किया है कि जनता अनजान रहे और मेरी सारी कोशिशें बेकार गयी हैं। हम पहले ही देख चुके हैं कि कैसे क्रिकेट सट्टेबाजी की मात्रा तेजी से बढ़ रही है। **अनगिनत लोग लुट रहे हैं, बर्बाद हो रहे हैं, आत्महत्या या हत्या कर रहे हैं!** इसलिए मैंने इस पुस्तक के बारे में सोचा, **दुनिया भर में क्रिकेट के लाखों-करोड़ों सट्टेबाजों को पर्याप्त रूप से हथियारबंद करने के लिए, ताकि वे अपने स्वयं के ग्रे सेल (दिमाग) के विवेकपूर्ण उपयोग के माध्यम से अपने उत्पीड़कों और शक्तिशाली घोटालेबाजों को मात दे सकें, यदि उन्हें दांव लगाने ही हैं।**

घोटालेबाजों को उनके अपने खेल में हराने का कोई तो तरीका होना चाहिए, और वह है। निश्चित रूप से, यह एक सरल सूत्र नहीं हो सकता। यह उनके खेल को अच्छी तरह, पूरी बारीकी से समझने और फिर उस संपूर्ण समझ का उपयोग अपने लाभ के लिए करने से ही निकलेगा। **सट्टेबाजों को भी सट्टेबाजी के कुछ सद्गुण विकसित करने होंगे!**

टीकाकार (कमेंटेटर्स) और क्रिकेट विशेषज्ञ

क्रिकेट कमेंटेटर, प्रशंसित क्रिकेट पत्रकार, महान पूर्व क्रिकेटर, और क्रिकेट विशेषज्ञ, या सुनील गावस्कर जैसे एक में सभी, क्रिकेट की बड़े पैमाने पर धोखाधड़ी को जनता, विशेषकर युवा पीढ़ी, को बेचने में बहुत बड़ी भूमिका निभाते हैं; वास्तविकता को छुपाने और गुप्त रखने में। इसके साथ ही वे सट्टेबाजी माफिया के सहयोगियों या वेतनभोगी कर्मचारियों के रूप में कार्य करते हुए, दुनिया भर के सट्टेबाजों को गुमराह करते और बेवकूफ बनाते हैं। उनमें से कई, जैसे मार्क निकोलस और हर्षा भोगले, किसी भी गलत काम के लिए संदेह करने के लिए बहुत सज्जन प्रतीत होते हैं। हो सकता है कि उनमें से कुछ- वे बहुत कम होंगे, यदि ऐसा है तो- धोखाधड़ी का हिस्सा नहीं हैं, लेकिन तब वे बहुत बड़े बेवकूफ होंगे कि वे उस खेल की कुल झूठ को न जानें जो वे करीब से देख रहे हैं और वर्षों और वर्षों से दिन-रात कवर कर रहे हैं।

मैंने अपनी पिछली किताबों और लेखों में सभी नामों का नामकरण करते हुए उनके बारे में बहुत कुछ बोला और बताया है। उपरोक्त पैरा में मेरी ओर से कुछ भी नया नहीं है। परन्तु इस पुस्तक के सन्दर्भ में उसका उल्लेख पुनः आवश्यक हो गया है। स्वाभाविक रूप से, कई क्रिकेट सट्टेबाज किसी मैच पर विशेषज्ञों के विचारों और कमेंटेटरों द्वारा मैच के निरंतर मूल्यांकन से प्रभावित होते हैं। कमेंटेटर टिपस्टर्स की तरह सही और गलत दोनों साबित होते हैं, और वे सट्टेबाजी माफिया की उसके निर्देशों के अनुसार मदद करते हैं, जोकि कुछ हद तक टिपस्टर्स की तरह है।

किसी और चीज से ज्यादा, वे पिच की लगातार बात करके दुनिया और पंटर्स को बेवकूफ बनाते हैं। यह हमारे दिमाग में इतनी गहराई से समाया हुआ है कि पिच मैच के परिणाम को प्रभावित करती है, विशेष रूप से टेस्ट मैचों में, कई पाठक एकदम से प्रतिक्रिया करेंगे कि मैं पागल हो गया था। हां, पिच एक भौतिक वास्तविकता है, और यह निश्चित रूप से उस पर खेले जाने वाले क्रिकेट को प्रभावित कर सकती है। बस इतना ही। यदि क्रिकेट स्वाभाविक और प्रतिस्पर्धात्मक रूप से खेला जाता है तो यह मैच के परिणाम को प्रभावित कर

सकती है और करेगी भी। लेकिन, चूंकि ऐसा नहीं है, पिच उस परिणाम को प्रभावित नहीं कर सकती है जो पहले से ही स्क्रिप्टेड है। केवल इतना हो सकता है कि किस पिच के लिए कौन सी लिपि (स्क्रिप्ट) लिखी जाए, यह इसे प्रभावित करे! मुझे आशा है, बुद्धिमान पाठकों को बात समझ में आ गयी होगी।

यह दिन-रात होता है, मैच दर मैच, हमें बताया जाता है कि पिच मैच के एक निश्चित तरीके से आगे बढ़ने के लिए किस तरह का व्यवहार करेगी, या इसके व्यवहार के अनुसार किस तरह मैच आगे बढ़ेगा, लेकिन अधिकतर होता इसके ठीक विपरीत है। यह इतना ज्यादा होता है कि कोई उदाहरण देना बेमानी होगा, हालांकि मेरी पिछली किताबों और लेखों में इस बात के उदाहरण हैं।

ऐसा नहीं हो सकता कि हम हर बार कमेंटेटर्स और एक्सपर्ट्स द्वारा बहकाये जाएँ। यदि ऐसा होता, तो बेटर्स आसानी से जीतने वाली बेट लगाना शुरू कर सकते थे, हर बार उसके विरुद्ध जाकर जो कमेंटेटर और विशेषज्ञ हमें पिच रिपोर्ट के माध्यम से या अन्यथा बताते हैं। निश्चित रूप से, सट्टेबाजी माफिया ऐसे मूर्ख नहीं हो सकते।

लेकिन यह सच है कि कमेंटेटर दर्शकों को हल्के में लेते हैं। यहां तक कि साफ हास्यास्पद क्रिकेट के लिए भी वे समय-समय पर क्रिकेट का कुछ अजीब सा औचित्य देते रहते हैं। जब बल्लेबाज आत्मघाती शॉट खेलता है, तो गेंद में गुणों का आविष्कार करने में उनकी विशेषज्ञता निहित होती है, और बल्लेबाज की प्रशंसा करने में जब गेंदबाज ने जानबूझकर हिट करवाने के लिए गेंद फैंकी हो। उनका काम क्रिकेट की सच्चाई को छुपा कर रखना है; खेल के साथ चलती कमेंट्री के अभाव में, करोड़ों टीवी दर्शक शायद हास्यास्पद क्रिकेट को अधिक आसानी से देख, समझ पाते। कई बार तो कमेंटेटर हमें हर कुछ मिनटों में पिच के व्यवहार में बदलाव के बारे में बताने से भी गुरेज नहीं करते! हा-हा।

उनके पास एक और तुरूप का इक्का है। कमेंटेटर यह कह कर कि फलां खिलाड़ी प्रेशर में आ गया था, किसी भी निरे बेतुकेपन को जस्टिफाइ कर देते हैं या उसका औचित्य दे देते हैं।

आइए, https://www.facebook.com/BettorsBeware पर कुछ पिछली पोस्टों के माध्यम से नमूना लें कि कैसे कमेंटेटर गलत/हारने वाले दांव लगाने के लिए पंटर्स को बेवकूफ बनाते हैं या गुमराह करते हैं:

‘17 सितंबर, 2017

यह इस तरह सूक्ष्मता से किया जाता है। कल के इंग्लैंड बनाम वेस्टइंडीज केवल टी-20 में, इंग्लैंड जीत के लिए 177 रनों का पीछा करते हुए बल्लेबाजी

करने आया था। पहली गेंद पर उन्होंने एक विकेट गंवा दिया। कमेंटेटरों ने हमें बताया कि गीली आउटफील्ड और गीली गेंद से वेस्टइंडीज के स्पिनरों के अप्रभावी होने की संभावना है। जल्द ही वेस्टइंडीज के तेज गेंदबाजों ने चौके के बाद चौके लगवाए और इंग्लैंड छठे ओवर में 60 के पार दौड़ रहा था। WI के स्पिनरों के विफल होने की उम्मीद के साथ, कोई भी मैच को इंग्लैंड के पक्ष में समाप्त मान सकता था और उसी के अनुसार दांव लगाता। विशेषज्ञ कमेंटेटरों ने हमें जो बताया, उसके विपरीत, स्पिनर बहुत प्रभावी निकले और वेस्टइंडीज ने मैच को सहजता से काफी अंतर से जीत लिया।

1 जुलाई, 2017

इस प्रकार कमेंटेटर/विशेषज्ञ दर्शकों और सट्टेबाजों को मूर्ख बनाते हैं:

मोटे तौर पर, कमेंटेटर और विशेषज्ञ हमें पिच के बारे में और आगामी या चल रहे मैच में आगे क्या उम्मीद की जाए, जो कुछ भी बताते हैं, 70% से 80% बार गलत हो जाता है। चाहे वे प्रथम श्रेणी के मूर्ख हों या वे लाखों देखने वाले सट्टेबाजों को धोखा देने के उद्देश्य से ऐसा करते हैं, वे बेहतर जानते हैं। मुझे संदेह है कि बाद वाला मामला होना चाहिए क्योंकि उनके मूर्ख होने का कोई औचित्य नहीं। यहाँ एक और ताजा उदाहरण है।

कल दो वनडे हुए। एक श्रीलंका में श्रीलंका और जिम्बाब्वे के बीच, और दूसरा वेस्टइंडीज में भारत और वेस्टइंडीज के बीच। जब श्रीलंका पहले बल्लेबाजी कर रहा था तो हमें बताया जा रहा था कि दूसरी इन्निंग में रन बनाना ज्यादा मुश्किल होगा और 280 का कुल योग जिताने वाला होना चाहिए। श्रीलंका द्वारा पोस्ट किए गए 316 के स्कोर को जिम्बाब्वे द्वारा आसानी से पा लिया गया, जबकि जिम्बाब्वे का बल्लेबाजी रिकॉर्ड सबसे खराब में से एक था, और उस आक्रमण के विरुद्ध जिसमें महान लसिथ मलिंगा भी शामिल थे!

भारत बनाम वेस्टइंडीज मैच में, हमें बताया गया था कि जैसे-जैसे मैच आगे बढ़ेगा, पिच आसान होगी और बल्लेबाजी आसान होती जाएगी। वेस्टइंडीज को 50 ओवर में 251 रनों के बहुत ही सामान्य लक्ष्य का पीछा करते हुए 93 रनों से हार का सामना करना पड़ा।

24 फरवरी, 2016

क्या आपने 21 फरवरी, 2016 को जोहान्सबर्ग, दक्षिण अफ्रीका में इंग्लैंड और दक्षिण अफ्रीका के बीच टी-20 का अनुसरण किया था? दक्षिण अफ्रीका ने इंग्लैंड को पहले बल्लेबाजी के लिए उतारा। इंग्लैंड की बल्लेबाजी के शुरुआती

ओवरों में, कमेंटेटर हमें बार-बार कह रहे थे कि पिच ऐसी थी कि अगर इंग्लैंड के 3 विकेट या उससे कम गिरे हों और उसके हाथ में विकेट हों, तो वे स्लॉग ओवरों में अपनी इच्छा से स्कोर कर सकते थे। इंग्लैंड ने 8वें ओवर में 3 विकेट जल्दी खो दिए, 10 ओवर के बाद 3 विकेट पर 74 और 11 ओवर के बाद 3 विकेट पर 87 रन बना लिए। कमेंटेटर हमें यह भी बताते रहे कि दक्षिण अफ्रीका की कमजोर डेथ बॉलिंग थी, और अंत के ओवरों में इंग्लैंड द्वारा अच्छी स्लॉग हिटिंग की संभावना पर बार-बार ध्यान आकर्षित किया। कोई भी रिकॉर्डिंग के माध्यम से देख सकता है कि यह कैसे हुआ।

इंग्लैंड 157/3 था, जब नियमानुकूल 22 गेंदें बची थीं, पिछले 4.2 ओवरों में 68 रन बनाए गए थे, मॉर्गन और बटलर ने अपनी इच्छा से चौक्के छक्के लगाए थे। कमेंटेटर हमसे जो उम्मीद करने के लिए कह रहे थे, उसके ठीक विपरीत, इंग्लैंड 20वें ओवर में 171 रन पर ऑल आउट हो गया। क्या यह क्रिकेट था या दुनिया भर में सट्टेबाजों को संस्थागत तरीके से मूर्ख बनाना? जो कोई प्रसारण की रिकॉर्डिंग देखे और उसके पास लगाने के लिए थोड़ा सा भी दिमाग हो, वह आसानी से समझ जाएगा कि क्या चल रहा था।

पहले बड़ा स्कोरिंग और फिर पतन इस तरह हुआ कि 20 ओवर का स्कोर सटोरियों द्वारा सत्र के दौरान किसी भी समय दिए गए स्कोर से कम हुआ, प्रतिस्पर्धी क्रिकेट के लिए कुछ असंभव सा, खरबों में 1 की संभावना वाला।

सट्टेबाजों को बेवकूफ बनाना यहीं खत्म नहीं हुआ। दक्षिण अफ्रीका जो इन दो टीमों के बीच पिछले टी-20 की आखिरी गेंद पर बड़ी मुश्किल से 130 से अधिक के स्कोर का पीछा कर सका था, उसने 172 के एक दुर्जेय लक्ष्य का पीछा करते हुए मनमर्जी से रन बनाए, इस तरह कि दांव लगाने वालों के लिए कोई बचाव का रास्ता न हो, जो इंग्लैंड की बल्लेबाजी के 13वें ओवर के दौरान बहुत मजबूत इंग्लैंड के पक्ष में दांव लगा रहे होंगे।'

किसी भी समय कमेंट्री का ध्यानपूर्वक अनुसरण करने पर, लगभग प्रतिदिन ऐसे कई उदाहरण सामने आते हैं। कभी-कभी स्पष्ट रूप से, लेकिन अधिकतर सूक्ष्म रूप से, कमेंटेटर दर्शकों को और दर्शकों में से पंटर्स को इस प्रकार गुमराह करते हैं कि वे एक मैच में प्रगति की जो उम्मीद करते हैं, अंततः उसके विपरीत होता है। आईपीएल-15 में ऐसे कई मौके मेरी तवज्जो में आये, जब मैंने कुछ साल बाद फिर से कमेंट्री पर ध्यान दिया। जैसा कि पहले कहा गया है, टिपस्टर्स की तरह, कमेंटेटरों द्वारा सही और गलत टिप्स भी अदल-बदल होते हैं। सट्टेबाजों

के लिए जो मूल बात है वह है सही आंकना, यह समझना कि वे कब गुमराह कर रहे हैं।

आईपीएल जैसे टूर्नामेंट में मैच से करीब एक घंटे पहले सीधा प्रसारण शुरू हो जाता है। इस टेलीकास्ट में, कुछ विशेषज्ञ, मुख्य रूप से पूर्व क्रिकेटर अपनी राय देते हैं कि मैच में क्या उम्मीद की जाए, किन खिलाड़ियों को अच्छा प्रदर्शन करना चाहिए, कितने रन बनाए जाएंगे आदि। ऐसे कुछ टेलीकास्ट्स में उनके द्वारा पहले सत्र के स्कोर की भविष्यवाणी भी की गई थी। इन प्रसारणों में दर्शकों के लिए कुछ मनोरंजन क्लिप भी होते हैं। लेकिन उस आड़ में, अधिक संभावना है कि मुख्य उद्देश्य विशेषज्ञों की राय के माध्यम से सट्टेबाजों को भ्रमित और गुमराह करना होता है। उनकी राय भी कभी-कभी सही होती हैं और ज्यादातर उद्देश्यपूर्ण रूप से भ्रामक होती हैं।

हालांकि बहुत आसान नहीं है, लेकिन कभी-कभी कमेंट्री और इस तरह के टेलीकास्ट से यह समझने में सक्षम होना संभव है कि क्या होगा और उसके अनुसार जीतने वाले दांव लगाएं। विभिन्न कमेंटेटरों या कमेंट्री और मैचों का कुछ समय तक एक साथ अध्ययन करने के बाद, कोई भी समझना शुरू कर सकता है कि वे कब उद्देश्यपूर्ण रूप से भ्रामक होते हैं और जीतने के लिए उनके सूक्ष्म सुझावों के विपरीत दांव लगा सकता है। या उनके सुझावों के अनुसार जब उनके सही होने की उम्मीद हो। यद्यपि यह समय लेने वाला है और इसमें दिमाग के अच्छे उपयोग की आवश्यकता होती है, यह प्रयासों के लायक हो सकता है, अगर किसी को क्रिकेट पर दांव लगाना है और जीतना है। किसी अन्य प्रासंगिक कारक को भी ध्यान में रखना होगा, विशेष रूप से ऑड्स और ऑड्स की गति को (जैसा कि बाद के एक अध्याय में चर्चा की जाएगी)। सट्टेबाज को अपने विवेक और अपनी धारणा का समर्थन करना होगा, और हर समय सतर्क रहना होगा, कभी भी अधिक लिप्त और अति-विश्वासी हुए बिना। ऐसा हो सकता है कि कभी-कभी कोई गलत धारणा बन सकती है, लेकिन ज्यादातर लाभ उठाया जा सकता है।

हमेशा याद रखें, जो अकल्पनीय अनुपात की धोखाधड़ी को नियंत्रित करते हैं, वे सबसे चतुर व्यक्तियों की तुलना में कई गुना अधिक चतुर होते हैं। **वे संभवतयः कृत्रिम बुद्धि द्वारा भी सहायता प्राप्त कर रहे हैं।** उनके पास किसी भी चीज के लिए साधन हैं, और जरूरत पड़ने पर किसी भी समय (उनकी समग्र

बुक के आधार पर) पहले की लिखित स्क्रिप्ट को भी बदल सकते हैं। फिर भी, अच्छी तरह से जागरूक और स्मार्ट सट्टेबाजों के लिए उन्हें हराना संभव होना चाहिए, क्योंकि उनकी कुछ मजबूरियां और सीमाएं हैं, जैसे कि हम समझ चुके हैं कि सत्रों में हेरफेर करना उनमें से एक है।

मैंने लगभग 9 साल पहले उनके द्वारा सत्रों में हेरफेर का खुलासा किया था, और फिर भी वे उसी तरह से हेरफेर करने के लिए बाध्य हैं जैसा पहले से ही उजागर हो चुका है। मैं तब अच्छी तरह से समझ सकता था कि वे मेरे खुलासे के बावजूद सत्रों में हेरफेर करने के तरीके को नहीं बदल सकते थे। और वैसा ही हुआ है।

उनका सबसे बड़ा रक्षक जनता की अज्ञानता है। मेरी पिछली किताबों के बावजूद यह अज्ञानता बनी हुई है, और इस किताब के बाद भी काफी हद तक जारी रहेगी, हमारे दिमाग की वर्षों लंबी कंडीशनिंग और भारतीय और वैश्विक मीडिया के षड्यंत्रों के कारण। हालाँकि, मुझे अभी भी उम्मीद है कि बड़ी संख्या में क्रिकेट सट्टेबाज इस पुस्तक से स्वयं को लाभान्वित करेंगे, और अपनी अज्ञानता से बाहर निकलेंगे।

सट्टेबाजों की आम गलतियाँ

जब भी कोई मैच पर दांव लगाता है, तो वह पैसे खोने का जोखिम उठा रहा होता है। यह एक कठोर तथ्य है, जो अक्सर सट्टेबाजी की गर्मी में सट्टेबाजों द्वारा भुला दिया जाता है। उन्हें हमेशा जीत की उम्मीद रहती है। जब वे सट्टेबाजी कर रहे होते हैं तो एड्रेनालाईन (adrenaline) बहने लगता है, खासकर अगर हारने की स्थिति में हों तब। उन्हें या तो इस बात का अहसास नहीं होता या वे भूल जाते हैं कि दांव पर लगाया गया पैसा गँवा दिए गए धन के रूप में लिया जाना चाहिए। अगर ऐसा नहीं हुआ तो यह उनका सौभाग्य होगा। शायद यह मूल रूप से किसी भी सट्टेबाजी पर लागू होता है।

दूसरे शब्दों में, इसे इस प्रकार समझाया जा सकता है। एड्रेनालाईन रश में कोकीन जैसा प्रभाव होता है। सट्टेबाजों को शर्त लगाने की एक तरह की मजबूरी महसूस होती है, हमेशा यह महसूस होता है कि वे बेहतर जानते हैं और वे जीतेंगे। जब वे अंततः हार जाते हैं, तो वे अधिक दांव लगाना शुरू कर देते हैं या नुकसान की भरपाई के लिए अगले मैच की प्रतीक्षा करनी शुरू कर देते हैं और इससे पहले कि वे महसूस करें, वे बहुत हार चुके होते हैं और/या एक दुष्चक्र में फंस गए होते हैं।

इसलिए, किसी भी सट्टेबाज के लिए पहला सबक केवल उन राशियों को दांव पर लगाना होना चाहिए जो वे बिना ज्यादा कष्ट के हार सकें या हारना अफोर्ड कर सकें। लेकिन दुर्भाग्य से, वास्तविक दुनिया में ऐसा नहीं होता। लोग अपने पास उपलब्ध कुछ अतिरिक्त पैसे से सट्टा लगाना शुरू कर सकते हैं। समस्या तब शुरू होती है जब वे अंततः हारने लगते हैं। किसी भी चीज से अधिक, वे अपने अहंकार के अधीन हो, खोए हुए धन की वसूली के लिए और अधिक दांव लगाते हैं। और कई, विशेष रूप से युवा, विभिन्न स्रोतों से क्रेडिट लेते हुए, अपने साधनों से कहीं अधिक राशि का दांव लगाते हैं। एक अज्ञात बहुत बड़ी संख्या इस प्रक्रिया में अपने जीवन और परिवारों को बर्बाद कर देती है।

किसी को जीत के बारे में सोचकर कभी भी अपने साधनों से अधिक दांव नहीं लगाना चाहिए। हां, अगर जीतना है तो दांव लगाना होगा और जोखिम उठाना

होगा, लेकिन सट्टेबाजी हमेशा साधनों के भीतर ही करनी चाहिए। कहना आसान है, करना मुश्किल। **सट्टेबाजी को आनंद का स्रोत होना चाहिए, न कि दांव लगाने वाले को तनाव में डालने के लिए। अगर यह आपको तनाव देता है, तो बेहतर है कि इससे बचें।**

क्रिकेट की सच्चाई से अनजान लोग यह सोचकर क्रिकेट पर दांव लगाते हैं कि कोई न कोई प्रतिस्पर्धा चल रही है और हर टीम जीतने की कोशिश कर रही है। उन्हें लगता है कि अपने अध्ययन और विशेषज्ञता के साथ, वे विजेता या सत्र के स्कोर आदि का सही अनुमान लगा सकते हैं और कुछ जल्दी पैसा कमाने के लिए बड़ी रकम का दांव लगा देते हैं। वे सही साबित हो सकते हैं, और फिर अधिक पैसा कमाने के लिए और अधिक दांव लगा सकते हैं, अंततः फंस सकते हैं। दुष्चक्र, जैसा कि पहले कहा गया था, अंततः सट्टेबाजों को गिरफ्त में ले लेता है।

सट्टेबाजों के बीच एक और स्वाभाविक प्रवृत्ति यह है कि वे सेने से पहले मुर्गियों को गिनना शुरू कर देते हैं। आखिरी गेंद फेंके जाने तक कोई निश्चित और निश्चिंत नहीं हो सकता, अधिकतर। यह क्रिकेट की स्वाभाविक अनिश्चितता के कारण नहीं है, जैसा कि लगातार हमें पट्टी पढ़ाई जाती रही है, बल्कि स्क्रिप्ट की निश्चितता के कारण, कोई भी स्क्रिप्ट संभव है, चाहे वह कितनी ही दूर की कौड़ी या असंभव लगे, कभी भी असंभव लगने वाला निष्पादन प्रकट हो सकता है। उदाहरण बहुतायत में हैं। सभी क्रिकेटिंग या प्रतिस्पर्धी तर्कों को धता बताते हुए, मैचों को असंभव स्थिति से उल्टा दिया गया है। खिलाड़ियों को केवल कठपुतली के रूप में कार्य करना पड़ता है, वे उन क्षणों के लिए, उस दिन के लिए सिर्फ अपनी भूमिका निभाते हैं। कुछ ऐसे मैच हैं जो आसानी से दिमाग में आते हैं।

1. पाकिस्तान को जीतने के लिए 176 रन की आवश्यकता है, बेवजह 147/4 से 171 पर ऑल आउट हो गया (पहला टेस्ट, पाकिस्तान बनाम न्यूजीलैंड, 16–19 नवंबर, 2018, अबू धाबी)।

2. इंग्लैंड 359 के लक्ष्य का पीछा करते हुए 245/4 से 286/9 तक लुढ़क गया और फिर जीत गया (तीसरा टेस्ट, इंग्लैंड बनाम ऑस्ट्रेलिया, 22–25 अगस्त, 2019, लीड्स; उन्होंने अपनी पहली पारी में केवल 67 रन बनाए थे)।

3. श्रीलंका ने 226 (पहला टेस्ट, दक्षिण अफ्रीका बनाम श्रीलंका, 13–16 फरवरी, 2019, डरबन) पर 9वां विकेट खोकर 304/9 का स्कोर बनाकर जीत हासिल की।

इन मैचों में टीमों को 1.01/1.02 के भाव के बाद हार का सामना करना पड़ा। ऐसे कई मैच हैं, सीमित ओवरों के क्रिकेट में भी जहां टीमों को इस तरह

के भावों से हार का सामना करना पड़ा है। और निश्चित रूप से, आईपीएल का पहले उल्लेख किया गया मैच और सभी को पीछे छोड़ देता है, जहां RR 1000 के ऑड्स से जीता (शायद पहली बार ऐसा हुआ, और हो सकता है आखिरी बार हो)। PBKS को शेष 17 गेंदों में केवल 12 रनों की आवश्यकता थी, 8 विकेट हाथ में थे, और क्रिकेट की गेंद के दो सबसे बड़े हिटर, SA के मार्करम और WI के पूरन क्रीज पर थे, तब तक उन्होंने अपनी इच्छा से रन बनाए थे। अचानक वे गेंद को बल्ले से छू भी नहीं पा रहे थे और पारी 183/4 पर समाप्त हुई जबकि जीतने के लिए 186 रनों की आवश्यकता थी। यह आईपीएल-14 का 32वां मैच था, जो 21 सितंबर, 2021 को दुबई में खेला गया था।

और मुझे यकीन है कि आईपीएल मैच जिसमें तेवतिया ने अपनी टीम के लिए मैच जीतने के लिए एक ओवर में 5 छक्के मारे, लगभग असंभव स्थिति से, आईपीएल अनुयायियों के दिमाग में गहराई से अंकित होगा ही। पुनः, यह PBKS और RR के बीच मैच था। तब तक राहुल तेवतिया को ज्यादा नहीं जाना जाता था।

ऊपर दिए गए उदाहरण इस बात को रेखांकित करने के लिए दिए गए हैं कि कभी भी मैच के खत्म होने पर विचार न करें। यदि आप एक टीम में प्लस हैं और यह निश्चित रूप से विजेता प्रतीत होती है, तो चीजों को अनिश्चितता पर न छोड़ें; फिर उस टीम को बहुत कम ऑड्स पर पर्याप्त रूप से ले करें (उसके विरुद्ध दांव लगाएं) ताकि यदि उस चरण से किसी भी टर्नअराउंड की स्क्रिप्ट सामने आती है, तो आपको उससे लाभ हो, आपको निश्चित रूप से जीतने वाली स्थिति से पैसे खोने का झटका न मिले। यह सच है कि ऐसा नहीं होने की स्थिति में, आपकी जीत की राशि कम हो जाएगी, लेकिन केवल बहुत मामूली। कुल मिलाकर, आपको इस तरह के अभ्यास से लाभ होना चाहिए। मैं इसे केवल एक दिशानिर्देश के रूप में कह रहा हूं। यह किसी की पसंद और विशेषाधिकार है कि कोई कैसे दांव लगाता है, लेकिन कभी भी सेये जाने से पहले चूजों को गिनने की गलती न करें। मैच/सत्र समाप्त होने के बाद ही आप जीतते या हारते हैं।

क्रिकेट सट्टेबाजों, या सामान्य रूप से जुआरियों के बीच यह सबसे आम गलती है कि किसी भी नुकसान को जल्दी से पूरा करने के लिए अधिक शर्त लगाई जाए। किसी भी नुकसान को डूबी हुई लागत के रूप में माना जाना चाहिए और भुला दिया जाना चाहिए। खोई हुई राशि की वसूली के लिए किसी को जल्दबाजी नहीं करनी चाहिए; और योग्यता के आधार पर

कोई और दांव लगाने के लिए उपयुक्त समय की प्रतीक्षा करनी चाहिए, न कि नुकसान की भरपाई के लिए। पिछले नुकसान की भरपाई के लिए अधीरता से दांव लगाने का मतलब है दलदल में और गहरे डूबते जाना।

सट्टेबाजों की एक बहुत ही सामान्य गलती है, विशेष रूप से उनकी जिन्हें मैचों के स्क्रिप्टेड होने का आभास होता है, कि वे लगभग हर चीज में पैटर्न देखना शुरू कर देते हैं। शायद ही कोई पैटर्न हो; कोई भी निश्चित पैटर्न नहीं हो सकता (सट्टेबाजी उद्योग को चलाने और नियंत्रित करने वाले यह सुनिश्चित करते हैं)। कुछ बेटर्स या सट्टेबाजों को कुछ मैचों में एक पैटर्न जैसा कुछ दिखाई देता है, और वे अगले मैचों में, आम तौर पर बड़ी मात्रा में, तदनुसार अपने दांव लगाने लगते हैं। अचानक वे पाते हैं कि पैटर्न खुद को दोहरा नहीं रहा था और वे हार गए। कोई भी पैटर्न सट्टेबाजों की अपनी कल्पना का निर्माण है। माफिया अच्छी तरह से समझते हैं कि कब कुछ एक पैटर्न के रूप में सट्टेबाजों के दिमाग में दर्ज होना शुरू हो जाएगा, और वे उसके बाद की स्क्रिप्ट को बुद्धिमान सट्टेबाजों को चकनाचूर करने के लिए ऐन समय पे उसी हिसाब से बदल देते हैं या तदनुसार स्वरूप देते हैं।

BBL, IPL जैसे बड़े टूर्नामेंटों में, कई बेटर्स कप या टूर्नामेंट विजेता और व्यक्तिगत मैचों दोनों पर दांव लगाते हैं। वे इन दांवों का मिलान/संतुलन करते हैं (जैसे सत्र और मैच के परिणामों पर दांव से)। फिर से, सट्टेबाजी माफिया उनके लिए बहुत चालाक सिद्ध होते हैं। वे जानते हैं कि पंटर्स क्या सोच रहे होंगे/उम्मीद कर रहे होंगे; वे कप के लिए ऑड्स या भावों को इस तरह से आगे बढ़ाते हैं कि तर्क-संगत सट्टेबाज खुद को नुकसान में पाता है। जैसा कि पहले सत्र सट्टेबाजी के संदर्भ में बताया गया था। इसलिए, यह हमेशा बेहतर होगा कि कप और मैचों पर दांवों को न मिलाएं, सभी दांवों को अन्य दांवों से स्वतंत्र मानें और यह मान कर उनकी देखरेख या उनका निरीक्षण (monitoring) करें!

तथापि, कप के भाव और उनमें परिवर्तन से किसी को कुछ मैचों में विजेता का अंदाजा लगाने में सहायता मिल सकती है, खासतौर से टूर्नामेंट के उत्तरार्द्ध में।

कोई एक शांत दिमाग के साथ दांव लगाना शुरू कर सकता है, लेकिन कुछ ही देर बाद स्वयं को तेजी से बदलते भावों की हड़बड़ी और मैदान में चौक्कों, छक्कों, या विकेटों की बौछार की हलचल में घिरा और उलझा पा सकता है। वो हलचल माफिया द्वारा सट्टेबाजों को उलझन में डालने और जाल में फंसाने के लिए गढ़ी जाती है, वे चतुर हों या अचतुर।

वॉशिंग मशीन में कपड़ों के बारे में विचार करें, मशीन बंद होने से पहले और मशीन चालू होने के बाद। सट्टा लगाने वालों का हाल कुछ ऐसा ही होता

है। सट्टेबाजों को शांत रहने के लिए सचेत प्रयास करना चाहिए, न कि माफिया द्वारा पैदा की गई उग्रता या हलचल में चक्कर खाना शुरू कर दें। उन्हें ठंडे दिमाग से पक्षों और विपक्षों को या भला-बुरा तौलना चाहिए, और फिर जितना संभव हो उतने कम दांव लगाने चाहिए। मैच के दौरान आप जितने अधिक दांव लगाते हैं, हारने की संभावना उतनी ही अधिक होती है, और निश्चित रूप से आप अधिक ब्रोकरेज का भुगतान कर रहे हैं। यह सामान्य सिद्धांत होना चाहिए, कुछ मैच या स्थितियां अधिक दांव लगाने के लिए कह सकते हैं।

याद रखें कि विशेषतयः क्रिकेट सट्टेबाजों के लिए सबसे बड़ी और सार्वभौमिक गलती यह है कि वे क्रिकेट पर दांव लगाते हैं, जबकि कभी कोई क्रिकेट नहीं हो रहा होता है। यह हमेशा एक कठपुतली शो होता है, क्रिकेट के ढोंग के साथ- प्राकृतिक और प्रतिस्पर्धी क्रिकेट का ढोंग- सभी क्रिकेटरों, पूर्व क्रिकेटरों, कमेंटेटरों, पत्रकारों, इलेक्ट्रॉनिक और प्रिंट मीडिया द्वारा चौबीसों घंटे प्रबल किया जा रहा ढोंग, और पिछले एक दशक से सब कुछ स्पष्ट रूप से उजागर होने के बावजूद कई अन्य लोगों और ताकतों के एक विशाल समूह द्वारा शासित ढोंग।

हाँ, इस पुस्तक में इसे कई बार दोहराया गया है। अलग-अलग संदर्भों में ऐसा होना आवश्यक है, क्योंकि यह मूल बिंदु है उन लाखों और लाखों लोगों के लिए, और पचाना आसान नहीं है, जिन्हें बचपन से ही जीवन भर अन्यथा अनुकूलित किया गया है। यदि पाठक इसे मन में बैठाने में सक्षम हैं, तो वे विजेता होंगे, क्योंकि क्रिकेट सट्टेबाजी के माध्यम से कम से कम उनके नुकसान में भारी कमी आएगी।

अंतिम लेकिन कम नहीं, सट्टेबाजों के विशाल बहुमत की मूलभूत गलती यह है कि जब वे सट्टेबाजी में लिप्त होते हैं, तो वे उस कीमत को ध्यान में नहीं रखते हैं जो वे अपने कीमती समय और ऊर्जा का उपयोग करके चुका रहे हैं। अक्सर, मन की शांति के नुकसान की भारी कीमत। दिमाग का एक हिस्सा हमेशा सट्टेबाजी के परिणामों, सट्टेबाजी की रणनीतियों आदि में व्यस्त रहता है। कभी-कभी इस सबका समग्र मूल्य बहुत बड़ा होता है, भले ही कोई जीते या हारे। इस कीमत को सही ढंग से तौलना ही कई सट्टेबाजों द्वारा दांव लगाना बंद करवा सकता है!

फंतासी गेम्स

क्रिकेट सट्टेबाजी में, आप एक-दूसरे के खिलाफ नहीं, बल्कि किसी केंद्रीय ताकत के खिलाफ, माफिया के खिलाफ दांव लगाते हैं (जैसा कि हमने पर्याप्त रूप से देखा है)। फंतासी खेलों में, आयोजक प्रतिभागियों को एक-दूसरे के खिलाफ अपनी बुद्धि लगाने के लिए एक मंच देते हैं। प्रत्येक प्रतिभागी को प्रवेश के लिए कुछ मामूली शुल्क देना होगा। इस तरह से जमा किया गया पैसा एक मैच से संबंधित एक प्रतियोगिता के लिए करोड़ों रूपये या करोड़ों डॉलर या अधिक तक जा सकता है, जैसे ड्रीम 11 में। ड्रीम 11 खुद एक मैच के लिए अलग-अलग प्रतिभागियों की संख्या और इसलिए अलग-अलग फीस के लिए कई प्रतियोगिताओं को डिजाइन करता है। ऐसे कई मैच एक दिन में हो रहे हैं, और ऐसे प्लेटफॉर्म या फंतासी खेल आजकल तेजी से बढ़ रहे हैं, घनीभूत हो रहे हैं। ऐसी ही कुछ प्रतियोगिताओं के लिए लाखों प्रतिभागी हो जाते हैं, खासकर युवाओं में इसका क्रेज है।

आइए संक्षेप में देखें, इनमें से एक ड्रीम 11 कैसे काम करता है। एकत्रित धन में से (विभिन्न प्रतिभागियों द्वारा भुगतान की गई कुल फीस) आयोजक विजेताओं के लिए कई पुरस्कारों की घोषणा करते हैं। कई जीतने वाले स्पॉट हैं, इनमें से अधिकतर केवल नाममात्र पुरस्कार राशि प्राप्त करते हैं, भुगतान की गई फीस के आसपास। प्रत्येक प्रतियोगिता के लिए, कुल पुरस्कार राशि कुल पूल मनी (एकत्रित धन) से काफी कम होती है, अंतर ड्रीम 11 के लिए स्पष्ट कमाई है।

इसलिए, प्रत्येक प्रतियोगिता के लिए, प्रतिभागियों की जेब से इन आयोजकों को बहुत पैसा जा रहा है। लेकिन पहला इनाम बहुत लुभावना होता है, कई बार यह लाखों रूपये में होता है। यह इनाम लाखों लोगों को भाग लेने के लिए प्रेरित करता है। इसके अलावा, लाखों लोग आक्रामक विज्ञापन और मार्केटिंग के माध्यम से इन फंतासी खेलों की ओर आकर्षित होते हैं और इनमें भाग लेना शुरू करते हैं। यह ठीक उसी तरह है जैसे लाखों लोग, विशेष रूप से युवा, स्पष्ट रूप से हानिकारक खाद्य पदार्थ खाना और पीना शुरू कर देते हैं - विज्ञापनों की फुसलाहट में, मशहूर हस्तियों द्वारा या बिना उनके।

जवान बूढ़े हो जाते हैं, लेकिन व्यसन जारी रहते हैं।

ड्रीम 11 में, किसी को एक मैच में भाग लेने वाली दो टीमों में से 11 खिलाड़ियों की एक टीम बनानी होती है। खिलाड़ियों के चयन को नियंत्रित करने वाले नियम हैं। टीमों की घोषणा के बाद कोई अपनी टीम को अंतिम रूप दे सकता है, लेकिन मैच शुरू होने से पहले। चुने गए 11 खिलाड़ियों में से कप्तान और उपकप्तान का भी चयन करना होता है। प्रत्येक खिलाड़ी मैच में प्रदर्शन के अनुसार अंक अर्जित करता है, जिसमे बल्लेबाजों, गेंदबाजों और क्षेत्ररक्षकों के लिए अंक होते हैं। फिर से, अंकों की गणना के लिए विस्तृत नियम अच्छी तरह से परिभाषित हैं। ये टी–20, वनडे और टेस्ट मैचों के लिए अलग हो सकते हैं। कप्तान को इस प्रकार अर्जित अंक से दोगुने और उप–कप्तान को 1.5 गुना अंक मिलते हैं।

मैच के अंत में, प्रतिभागियों द्वारा दर्ज की गयी प्रत्येक टीम के लिए अर्जित अंकों (एक प्रतिभागी प्रत्येक टीम के लिए आवश्यक शुल्क का भुगतान करके एक प्रतियोगिता के लिए एक से अधिक टीम बना सकता है) की गणना की जाती है। सबसे अधिक अंक प्राप्त करने वाली टीम को प्रथम पुरस्कार मिलता है, और इसी प्रकार अंकों के आधार पर अन्य पुरस्कार। अधिकांश प्रतिभागी अपनी फीस और पैसा खो देते हैं, और अगले मैच का इंतजार करते हैं (कुछ हद तक क्रिकेट सट्टेबाजों की तरह)।

कोई भी व्यक्ति इंटरनेट पर या ड्रीम 11 से जुड़कर सभी विवरण आसानी से प्राप्त कर सकता है। इसी प्रकार अन्य सभी फंतासी खेलों के लिए नियम और कानून इंटरनेट पर उपलब्ध होने चाहिए। निम्नलिखित लिंक कुछ शीर्ष 25 (उनके अनुसार) फंतासी क्रिकेट ऐप्स के बारे में सारांश देता है: https://www.kreedon.com/best-fantasy-cricket-app/?amp

ये सभी फंतासी खेल होने वाले क्रिकेट मैचों पर आधारित हैं, चाहे टी 20, ओडीआई, टेस्ट मैच या नवीनतम, मेन्स या वूमेंस 100 कम्पीटीशन। और वे सभी मैच पूरी तरह से नकली हैं, कोई मैच बिल्कुल भी नहीं जैसा कि कोई समझता है या किसी को मैच के बारे में समझाया गया है। क्या, कुछ भी जिसका आधार एक महाकाय (अपर्याप्त विशेषण) धोखाधड़ी हो, उचित हो सकता है?

आप खुद सोचें और निर्णय लें। यह कल्पना करना मुश्किल है कि क्रिकेट फंतासी खेलों के आयोजक, क्रिकेट की वास्तविकता के वर्षों से सार्वजनिक डोमेन में होने के बाद भी उससे अनजान हैं। एक बात निश्चित है कि (मैचों के

प्रतिस्पर्धी होने की) मूल धारणा जिस पर लोग इन खेलों में भाग लेते हैं, वह सब गलत है। फिर भी हर प्रतियोगिता में विजेता होंगे ही।

चूंकि पूरी बात इतनी बड़ी और गहरी जड़ें जमाई हुई धोखाधड़ी है, इसलिए इस बात की प्रबल संभावना है कि शीर्ष पुरस्कार पाने वालों में से कई, विशेष रूप से बहुत अधिक मूल्य के पुरस्कार, आम जनता में से नहीं होते – वे आयोजकों के पिट्ठू होते हैं। बेशक, आम जनता में से कोई व्यक्ति, जैसे आप या मैं, कभी-कभार प्रथम पुरस्कार जीतेंगे ताकि लोगों को लगे कि सब कुछ उचित है और भाग लेने के लिए अधिक से अधिक आकर्षित हों। **इस संबंध में पूरी तरह से ईमानदार जांच से ही वास्तविकता का पता चल सकता है।**

ड्रीम 11 ने क्रिकेट के साथ कुछ और खेलों का भी जोड़ लिया है, बास्केटबॉल वगैरह।

मुझे पता चला है कि कुछ फंतासी गेम प्लेटफॉर्म अब मैच शुरू होने से पहले प्रतिभागियों द्वारा एक्शन को फ्रीज करने की बाधा को तोड़ रहे हैं। कुछ गेम्स अब प्रतिभागियों को मैच की प्रगति के साथ-साथ समय-समय पर या चरणबद्ध तरीके से उनके द्वारा चुनी गई टीमों में बदलाव करने की अनुमति देते हैं। यह फंतासी गेम्स के खिलाड़ियों या प्रतिभागियों के लिए इसे और अधिक रोचक, जीवंत और क्रिकेट सट्टेबाजी के समान बनाता है।

फंतासी खेलों के अपने फायदे भी हैं। प्रतिभागी सस्पेंस और रोमांच का आनंद लेते हैं। कुछ मामूली शुल्क देकर उनके पास आगे देखने के लिए कुछ है। लेकिन जैसा कि चेतावनी इन फंतासी खेलों के आक्रामक विपणन के साथ आती है, ये व्यसनी बना सकते हैं। और धीरे-धीरे लेकिन निश्चित रूप से, लोग इन फंतासी खेलों में भी बहुत सारा पैसा खो सकते हैं! अधिकांश लोग हारेंगे ही।

क्रिकेट में टीम को अधिक प्रतिस्पर्धी बनाने, मैच जीतने के लिए, किसी भी कोच या टीम प्रबंधन द्वारा कभी भी टीम का चयन नहीं किया जाता है। सभी चयन नाटक/थिएटर/फिल्म के लिए अभिनेताओं के चयन की तरह हैं; किसको क्या भूमिका देनी है, किस खिलाड़ी को किस मैच में क्या भूमिका निभानी है, इस पर निर्भर करता है। इसलिए फंतासी गेम खेलने वालों के लिए इस बात को हमेशा ध्यान में रखना जरूरी है।

ऑड्स ही कुंजी हैं

हम इस पुस्तक के अंत की ओर आ रहे हैं, और आप अब तक काफी समझदार हो गए होंगे। लेकिन आप अभी भी सोच रहे होंगे कि प्राप्त सभी ज्ञान के साथ जीतने के लिए कैसे दांव लगाया जाए।

सट्टेबाजी माफिया/सट्टेबाजी के सिंडीकेट/घोटालेबाज/अपराधी जो कुछ भी करते हैं, उन्हें मैच के परिणाम के लिए, सत्र के लिए, या फैंसी दांव के लिए लगातार ऑड्स देने पड़ते हैं।

ऑड्स के द्वारा ही वे दुनिया भर के सट्टेबाजों को इस प्रकार जाल में फंसाते हैं कि वे अधिक से अधिक हारें। ऐसा करने के लिए, हमेशा नहीं, लेकिन कई बार, उन्हें ऐसे ऑड्स देने होते हैं जो एक बुद्धिमान सट्टेबाज को बताए कि आगे क्या होने वाला है, या क्या परिणाम होने वाला है। जब आप ऑड्स और उनकी गति का बारीकी से पालन करना शुरू करते हैं, तो कुछ समय बाद अभ्यास के साथ, आप कभी-कभी या अधिकतर उन्हें समझने में सक्षम होंगे। हमेशा नहीं। **हर बार बेवजह कुछ पढ़ने की कोशिश न करें।**

वे ऑड्स जिनके द्वारा क्रिकेट माफिया दुनिया भर के करोड़ों सट्टेबाजों को उल्लू बनाते हैं, जाल में फंसाते हैं, उन्हीं ऑड्स से आप माफिया की मंशा समझ सकते हैं, मैच में क्या होगा जान सकते हैं, और तदनुसार दांव लगाकर जीत हासिल कर सकते हैं, माफिया को हरा सकते हैं, उन्हें मात दे सकते हैं। 10 में से तकरीबन 7 या 8 बार, और वह किसी के लिए भी कुल जीत के लिए काफी होगा।

आपको किसी टिपस्टर की सहायता की आवश्यकता नहीं होगी, किसी बाहरी टिप या टिपस्टर से उल्लू नहीं बनना पड़ेगा। मैचों के शुरुआती ऑड्स और उनके घटने-बढ़ने का ढंग ही आपके लिए टिप का कार्य करेंगे, भरोसेमंद टिप का।

ऑड्स द्वारा करोड़ों भोले भाले सट्टेबाजों को उल्लू बनाना माफिया के लिए अनिवार्य है, उन्हें यह करना ही होगा, और वे ऐसा करते रहेंगे; इस पुस्तक के अस्तित्व में आने के बाद भी!

जब प्रतियोगिता बहुत खुली दिखाई देती है, तो ऑड्स एक टीम का अधिक पक्ष ले सकते हैं, सामान्य तर्क को धता बताते हुए, भोले भाले सट्टेबाजों को उस टीम के खिलाफ ले करने के लिए (उसके विरुद्ध दांव लगाने के लिए) लुभा सकते हैं, बल्कि मजबूर कर सकते हैं। सट्टेबाज जल्द ही सदमे के साथ पाते हैं कि, जिस टीम के विरुद्ध दांव लगाए थे, वह अचानक एक बहुत मजबूत स्थिति में आ जाती है और अंततः आराम से जीत जाती है, इस प्रकार कि उन्हें अपनी स्थिति को स्क्वायर (square) करने के लिए कोई/अधिक अवसर नहीं मिलते हैं। वे अपने अधिकांश दांव हार जाते हैं।

इस तरह के मैचों में माफियाओं को टिपस्टर्स की भी अच्छी मदद मिलती है। टिपस्टर्स का अनुसरण करने वाले किसी भी सट्टेबाज ने देखा होगा कि टिपस्टर सट्टेबाजों को एक टीम को ले करने के लिए कहते रहते हैं, उस टीम के लिए ऑड्स कम होने पर और अधिक ले करने के लिए। अंततः सट्टेबाज अधिकतर अपने सभी दांव हार जाते हैं, क्योंकि हारने वाली, उनकी टीम कभी किसी प्रतियोगिता में नहीं आती है।

कई बार ओपनिंग ऑड्स खुद ही बता देते हैं कि क्या होगा। जैसे, यदि टेस्ट मैचों में, एक टीम के लिए ओपनिंग ऑड्स 1.4 या उससे कम हैं, ड्रा और दूसरी टीम के जीतने की दो अन्य संभावनाएं होती हैं, तो आपको यह समझना चाहिए कि ज्यादातर बुकीज की पसंदीदा टीम एक तरफा जीतेगी, या उस टीम के लिए ऑड्स मुश्किल से ही बढ़ेंगे (या कभी कभार थोड़ी देर के लिए), क्योंकि दुनिया भर के सट्टेबाज बड़े पैमाने पर एक टेस्ट मैच में शुरुआती पसंदीदा टीम के खिलाफ दांव लगाते हैं, क्रिकेट की अनिश्चितताओं और टीमों की प्रतिस्पर्धिता के तहत लंबे टेस्ट मैच में किसी चरण में विपरीत टीम के मजबूत स्थिति में आने की प्रतीक्षा और उम्मीद करते हुए, लेकिन अफसोस! न तो क्रिकेट की अनिश्चितता और न ही कागज पे मजबूत लगने वाली दूसरी टीम इन सट्टेबाजों की मदद को आते हैं, कोई प्रतिस्पर्द्धा नहीं होती!

उपरोक्त के लिए, एक उदाहरण के रूप में, कोई श्रीलंका और भारत के बीच मार्च, 2022 में भारत में खेले गए 2 टेस्ट मैचों के बारे में सोच सकता है। इसके अलावा, दक्षिण अफ्रीका के बांग्लादेश दौरे के दौरान दो टेस्ट मैचों में, दक्षिण अफ्रीका शुरुआती ऑड्स के साथ पसंदीदा था, दो मैचों में क्रमशः 1 और 1 से नीचे। तब भी ऐसा था जब दक्षिण अफ्रीका को तुरंत पहले एकदिवसीय श्रृंखला में उसी टीम द्वारा 1–2 से हराया गया था। टेस्ट मैच में 1 के आसपास ऑड्स

का मतलब है कि टीम काफी पसंदीदा है, क्योंकि दो अन्य विकल्प या घोड़े होते हैं। उस पृष्ठभूमि के साथ और ऑड्स को देखते हुए, अधिकांश पंटर्स के लिए स्वाभाविक रूप से प्रवृत्ति दक्षिण अफ्रीका के विरुद्ध या बांग्लादेश के लिए ऊँचे भाव पर (उच्च रिटर्न देने वाले ऑड्स पर) पर दांव लगाने की होती। दक्षिण अफ्रीका ने दोनों मैच आराम से जीते, उच्च अंतर के साथ, यहाँ या वहाँ कुछ हिचकी या गड़बड़ के साथ। यहां तक कि जब हिचकी आई, तब भी माफिया द्वारा बांग्लादेश की तुलना में दक्षिण अफ्रीका का पक्ष ऑड्स के जरिये काफी भारी रखा गया। कई पारियों में फैले दो टेस्ट मैचों में बांग्लादेश के लिए ऑड्स शायद ही कभी शुरुआती ऑड्स से नीचे गए हों।

मुद्दा यह है कि इन सभी टेस्ट मैचों के दौरान शुरुआती ऑड्स और उनकी गति या घटने-बढ़ने से संकेत मिल रहा था कि परिणाम क्या होने वाले थे। कोई बुद्धिमानी से ऑड्स को पढ़ सकता था और लाभान्वित हो सकता था, या कम से कम उस नुकसान से बच सकता था जो बुकीज की पसंदीदा टीम को ले करने से हो सकता था। फिर से, मैं ये उदाहरण सिर्फ स्मृति में ताजा होने के कारण दे रहा हूं, और कोई कारण नहीं। उदाहरण भरे पड़े हैं, क्योंकि हम एक महासागर के बारे में बात कर रहे हैं। इसकी अवहेलना करने वाले या इसके विरुद्ध भी कुछ उदाहरण होंगे ही, कुछ नीचे दिए जा रहे हैं।

3 एकदिवसीय मैचों में भी, दक्षिण अफ्रीका और बांग्लादेश के बीच, टेस्ट मैचों से पहले, दक्षिण अफ्रीका के पक्ष में शुरुआती भाव बहुत कम थे, लेकिन बांग्लादेश ने इन ओडीआई में से 2 में आराम से जीत हासिल की, किसी एक में नहीं (दक्षिण अफ्रीका ने दूसरे वनडे में एक तरफा जीत हासिल की)। कहा जा सकता है कि क्या यह उपरोक्त सिद्धांत/धारणा को ध्वस्त नहीं करता है? मेरा जवाब है नहीं, ऐसा नहीं है। याद रखें, हम बात कर रहे हैं एक सागर की। इस तरह के विपथगमन (एबरेशंस) कभी कभार होंगे ही, माफिया उन्हें निर्मित करेगा ही। इस तरह के विपथगमन या विपथन की आवृत्ति या निरंतरता कई बार सट्टेबाजों को पूरी तरह से दिग्भ्रमित करने के लिए भी हो सकती है। पूरा नियंत्रण माफिया के पास है, और वे जानते हैं कि सट्टेबाज कब क्या सोचेंगे और कैसे व्यवहार करेंगे। वे यह सुनिश्चित करते हैं कि बेटर्स किसी भी समय किसी भी चीज के बारे में सुनिश्चित न हों, वे हमेशा भ्रम की स्थिति में बने रहें।

सुनहरा नियम भी याद रखें कि कोई सुनहरा नियम नहीं है। एक शांत दिमाग के साथ विवेकपूर्ण तरीके से ऑड्स को पढ़ना बेटर्स के लिए लड़ाई को अधिक

से अधिक बार जीतेगा। किसी को ऑड्स के सन्दर्भ में यह देखना होगा कि बड़ी संख्या में मैचों में क्या होता है और क्यों, और हमेशा सतर्क रहना होगा। यह भी देखना होगा कि विपथन कब और क्यों हो रहे हैं। कभी-कभी, टेस्ट मैच भी होते हैं, जब बहुत अधिक शुरुआती ऑड्स वाली टीम जीत जाती है। हाल का एक उदाहरण 1-5 जनवरी, 2022 वाला पहला टेस्ट मैच है, जिसे बांग्लादेश ने न्यूजीलैंड में न्यूजीलैंड के खिलाफ जीता था। यह इतनी अप्रत्याशित जीत थी कि पूरी संभावना है कि इस मैच में भी माफिया को फायदा हुआ होगा। वास्तविक उद्देश्य निश्चित रूप से रहा होगा, बेटर्स को बांग्लादेश से जुड़े बाद के टेस्ट मैचों में ज्यादातर हारने वाले दांव लगाने के लिए प्रेरित करना (वे बिना किसी प्रतियोगिता के न्यूजीलैंड से अगला टेस्ट मैच हार गए)।

माफिया समय-समय पर या बीच-बीच में ऑड्स द्वारा भी झांसा देते हैं, उन्हें करना ही पड़ता है। उन्हें सट्टेबाजों को यथासंभव भ्रमित रखना ही होगा, ताकि वे अधिक से अधिक गलतियाँ कर सकें। **मायने यह रखता है कि क्या अधिक बार होता है, और क्या एक सट्टेबाज सही समय पर सही दांव खेल पाता है या खेलता है।**

अब देखते हैं, ऊपर बताए गए दक्षिण अफ्रीका के बांग्लादेश दौरे के दौरान माफिया को कैसे फायदा हुआ होगा। उन्होंने दो मैचों में बांग्लादेश को जीत दिलाई जब अधिकांश सट्टेबाजों ने इसकी उम्मीद नहीं की होगी, और इसलिए दक्षिण अफ्रीका के खिलाफ ले करने का फायदा उठाने में विफल रहे होंगे। इसके विपरीत, जो लोग दक्षिण अफ्रीका का समर्थन करते हुए पूरे मैच में उनसे वापसी की उम्मीद कर रहे होंगे, वे इन मैचों में अपने सभी दांव हार गए होंगे। इस तरह की पटकथा के माध्यम से, माफिया ने सट्टेबाजों को आने वाले टेस्ट मैचों में बांग्लादेश से अच्छे प्रदर्शन की उम्मीद करवाई, उन्हें अधिक रिटर्न के लिए बांग्लादेश का समर्थन करने या दक्षिण अफ्रीका के विरुद्ध दांव लगाने के लिए प्रेरित किया। जैसा कि ऊपर उल्लेख किया गया है, बांग्लादेश ने न्यूजीलैंड को न्यूजीलैंड में हरा दिया था, इस बात ने उन्हें और अधिक आशावादी बनाया होगा। लेकिन इन उम्मीदों पर पानी फिरना था। माफिया ने सुनिश्चित किया कि अधिकांश सट्टेबाज सीधे हार जाएं।

सट्टे के महासागर में ऐसे या इससे भी बेहतर उदाहरण भरे पड़े हैं; जरूरत है सट्टेबाजों को समझने की क्या क्यों होता है, यह मन में गहरे बिठा कर कि क्रिकेट गेंद-दर-गेंद स्क्रिप्टेड होता है, प्रतिस्पर्धी क्रिकेट शायद ही कभी खेला जाता हो।

सट्टेबाजों के पास सभी उपलब्ध आंकड़ों के सांख्यिकीय विश्लेषण का लाभ होने के बजाय, यह सट्टेबाजी माफिया है जिसे सभी अलग-अलग स्थितियों में अधिकांश सट्टेबाजों के व्यवहार के पूर्ण ज्ञान का लाभ मिलता है। अगर क्रिकेट खेला जा रहा होता तो बात उलट होती। सट्टेबाजी माफिया अच्छी तरह से समझते हैं कि लालच और डर सट्टेबाजों को कैसे और कब क्या दांव लगाने के लिए प्रेरित करेंगे। और उसी के अनुसार, वे विभिन्न मैचों में ऑड्स मूवमेंट को स्क्रिप्ट करते हैं।

कोई कहेगा, और ठीक ही, कि घटना के बाद बुद्धिमान होना आसान है। हां, हर मैच का विश्लेषण किया जा सकता है कि ऐसी स्क्रिप्ट क्यों लिखी गयी थी। लेकिन कई बार, माफिया के तरीकों को जान समझ कर, बुद्धिमान सट्टेबाज, मैच या किसी सत्र के समापन से कहीं पहले ऑड्स और उनकी गति या उनमें होते बदलाव को पढ़कर स्क्रिप्ट को जान सकते हैं/सही अनुमान लगा सकते हैं, और लाभ प्राप्त कर सकते हैं। इसके लिए दिमाग के प्रयोग के साथ पर्याप्त संख्या में मैचों के अध्ययन और सट्टेबाजी के दौरान एक शांत दिमाग की आवश्यकता होगी।

किसी भी तरह, मैं कम ऑड्स पर एक टीम का समर्थन करने की अनुशंसा नहीं करूंगा; क्योंकि ऐसे मामलों में रिटर्न/जोखिम अनुपात बहुत कम होता है; लेकिन यह अपने आत्मविश्वास के स्तर के आधार पर सट्टेबाजों की अपनी पसंद की बात है। ऑड्स की भाषा और मैच की स्थिति भी मायने रखेगी। माफिया अक्सर कुछ झटका देते हैं, जीतने वाली टीम के लिए ऑड्स को पर्याप्त रूप से ऊपर लाकर कम ऑड्स पर समर्थन करने वाले सट्टेबाजों के बीच डर पैदा करने और उन्हें भ्रमित करने के लिए ताकि वे डर कर अधिक ऑड्स पर ले करें और मैच का कुछ भी नतीजा होने पर उन्हें दोनों तरफ नुकसान हो। हालांकि, यदि आप एक टीम पर बहुत अधिक प्लस हैं या जीत रहे हैं, तो अपने संभावित नुकसान को कम करने के लिए कम ऑड्स पर कुछ हद तक दूसरी टीम का समर्थन कर सकते हैं। हर बार विवेकपूर्ण निर्णय लेना होगा।

शुरुआती ऑड्स के अलावा ऑड्स का मूवमेंट (उनमें बदलाव) भी कई बार आने वाली स्क्रिप्ट की दिशा बताता है। उदाहरण के लिए, कभी-कभी किसी विकेट का ऑड्स पर बहुत कम प्रभाव पड़ता है, कभी-कभी एक विकेट से ऑड्स में भारी बदलाव होता है। यह मैच की स्थिति पर भी निर्भर हो सकता है, एक अनुभवी सट्टेबाज समझ सकता है। इसी तरह रन या तेज रन बनाने के

साथ भी ऐसा हो सकता है। समझने के लिए गहरी नजर रखनी होगी और अच्छा मूल्यांकन करना होगा। हां, यदि कोई निश्चित तरीके से और अधिक बार जीतना चाहता है, तो उसे दिमाग के निरंतर बुद्धिमान उपयोग की आवश्यकता होगी। एक सर्व-शक्तिशाली माफिया को अपने ही खेल में हराना आसान या बच्चों का खेल नहीं हो सकता, हालांकि यह किया जा सकता है।

मैं यहां दो बैक-टू-बैक आईपीएल-15 के मैचों (फिर से, सिर्फ इसलिए कि ये इसे लिखते समय हुए थे) से उदाहरण देता हूं ताकि पाठकों को अधिक स्पष्ट हो सके। 18/4/2022 को आरआर के खिलाफ जीत के लिए 218 रनों का पीछा करते हुए, केकेआर ने पहली गेंद पर पहला विकेट बिना किसी स्कोर के खो दिया और फिर भी आरआर के लिए ऑड्स में अंतर 1.26 से 1.20 तक थोड़ा ही कम हुआ, बहुत जल्दी 1.27 के आसपास वापस आ गया क्योंकि नए बल्लेबाज ने अगली 2 गेंदों पर 2 चौके लगा दिए। यह बताने के लिए कोई गणितीय सूत्र नहीं हो सकता है कि विकेट या बाउंड्री के बाद ऑड्स कैसे बदलते हैं या कैसे बदलने चाहिए। किसी विशेष उदाहरण में इसे प्रभावित करने वाले कई कारक हो सकते हैं। बुद्धिमान सट्टेबाज अनुभव और अनुपात की भावना से समझ सकता है कि कब ऑड्स में बदलाव जमीनी स्थिति से मेल नहीं खाते। यहाँ, एक विकेट के बाद ऑड्स में बदलाव जमीनी हकीकत से मेल खाता नहीं लग रहा था! और हम जानते हैं कि उसके बाद क्या हुआ; केकेआर एक समय काफी पसंदीदा बन गया था - भाव उसके पक्ष में काफी नीचे आ गए थे। ऑड्स को पढ़ने और समझने वाला कोई भी व्यक्ति पहले विकेट के बाद RR को ले करके बाद में व्यापार (ट्रेडिंग) के माध्यम से लाभ प्राप्त कर सकता था।

जब एक बड़े लक्ष्य का पीछा करने वाली टीम पहली गेंद पर हिटर खो देती है, तो लोगों को लगने लगता है कि मैच में चिल्लाने के अलावा कुछ नहीं बचा, और आम तौर पर वे फेवरिट या पसंदीदा टीम को ले नहीं करते; बल्कि अधिकतर सट्टेबाज इसके समर्थन में दांव लगाने को ललचाएंगे, खास-तौर पे जब उन्हें उसके लिए लुभावने ऑड्स मिल रहे हों; जब ऐसा लग रहा था कि RR आसानी से जीत जाएगा, उसका समर्थन करके वे खुद को मुश्किल में पाते। सट्टेबाजों को अधिक से अधिक भ्रमित करने और फंसाने के लिए इस मैच ने कई अचानक मोड़ लिए।

अगले मैच का उदाहरण और अधिक स्पष्ट है और बहुत कुछ बताता है। 19/04/2022 को, LSG के खिलाफ पहले बल्लेबाजी करते हुए, RCB ने

पहले ओवर में शीर्ष के दो विकेट खो दिए। कोहली के पहली गेंद पर आउट होने के बाद भी, एलएसजी लगभग 1.7 के उच्च ऑड्स के साथ पसंदीदा (फेवरिट) थे, वह भी केवल कुछ क्षणों के लिए; जल्द ही रन बन गए और RCB पसंदीदा बन गई। बाद में, 8 ओवरों के बाद RCB 65/4 होने के बावजूद, LSG के पक्ष में ऑड्स लगभग 1.9 थे। यह आने वाली चीजों का संकेत था, और निश्चित रूप से इस बार आरसीबी ने वहां से आराम से जीत हासिल की, LSG स्कोर का पीछा करते हुए वास्तव में कभी भी स्पर्धा में नहीं आये। यह LSG पारी के दौरान हर कुछ ओवरों में, समय-समय पर विकेटों के माध्यम से सुनिश्चित किया गया।

आइए इसे और भी ज्यादा समझते हैं। 20 अप्रैल, 2022 को PBKS और DC के बीच अगले मैच में, 8 ओवरों के बाद 63/4 के PBKS के वैसे ही स्कोर पर, DC के पक्ष में ऑड्स लगभग 1.4 थे। उसके बाद PBKS बल्लेबाजी ध्वस्त हो गई और DC आराम से जीत गई, DC के लिए ऑड्स कभी भी फिर उससे ऊपर नहीं आये। दोनों मैचों में शुरुआती ऑड्स लगभग समान थे (दोनों मैचों में दोनों टीमों के बीच समान स्तर की प्रतिस्पर्धा का संकेत), लेकिन ऑड्स की मूवमेंट व्यापक रूप से भिन्न रही! इस प्रकार, ऑड्स की मूवमेंट ने आने वाली चीजों का संकेत दिया।

उपरोक्त उदाहरणों से कुछ अन्य बातों पर भी ध्यान दिया जा सकता है। LSG ने टूर्नामेंट में पहले CSK द्वारा 210 के बड़े स्कोर का सफलतापूर्वक पीछा किया था; और एक चरण में निराशाजनक स्थिति में रहने के बाद (17.5 ओवर में 126/8), स्टोइनिस द्वारा बड़ी हिटिंग के माध्यम से RR द्वारा बनाये गए 165 रनों का लगभग पीछा किया था। इसलिए LSG और RCB के बीच वाले मैच में, सट्टेबाजों के पास RCB को अधिक से अधिक ले करने के सभी कारण थे ज्यों-ज्यों ऑड्स उसके पक्ष में कम हो रहे थे, इस उम्मीद के साथ कि कम से कम किसी स्तर पर लाभप्रद व्यापार करने में वे सक्षम होंगे। टूर्नामेंट में पहले कुछ सही टिप्स देने के बाद कुछ प्रमुख टिपस्टर भी उन्हें ऐसा करने के लिए उकसा रहे थे। यही नहीं होना था, LSG को स्पर्धा में नहीं आना था! स्टोइनिस से पहले हारने के अभियान में जबरदस्त हिट करवाई गयी थीं, जो कि पंटर्स को बाद के मैचों में उनसे इसी तरह के प्रदर्शन की उम्मीद करने के लिए था; उन्होंने इस मैच में निराश किया। किसी को इंतजार करना होगा और देखना होगा कि स्टोइनिस बाद के मैचों में LSG के लिए कैसा प्रदर्शन करते हैं!

पहले उच्च स्कोरिंग मैचों की पृष्ठभूमि में, अचानक PBSK की बल्लेबाजी 20 अप्रैल को मैच में बिना किसी तुक या कारण के ढह गई। मैच से पहले और शुरुआत में, विशेषज्ञों/टिप्पणीकारों ने 180 के रेंज में उच्च स्कोर की बात की, कम दूरी पर बाउंड्री होने का संकेत देते हुए। और PBSK का पतन ऐसा था कि अंतिम इन्निंग्स का स्कोर इन्निंग्स के लिए कभी भी दिए गए किसी भी सत्र स्कोर से कम था।

कोई कह सकता है कि ये सब केवल अनुमान हैं, और मैदान में जो कुछ हुआ वह प्राकृतिक क्रिकेट का परिणाम हो सकता है। कोई भी अगर जरा भी ऐसा सोचता है, तो उसे पहले के अध्यायों को फिर से पढ़ना चाहिए और तब तक पढ़ना चाहिए जब तक कि क्रिकेट की वास्तविकता उसके दिमाग में गहराई से समा न जाए। सबसे पहले और सबसे महत्त्वपूर्ण क्रिकेट की वास्तविकता को अच्छी तरह से समझना जरूरी है- कि प्राकृतिक क्रिकेट केवल उन गलियों में खेला जाता है जहां कोई सट्टेबाजी नहीं होती है।

एक बात और, अति सरल और महत्त्वपूर्ण एक बार मान भी लें कि जो क्रिकेट हो रहा है वह स्वाभाविक और प्रतिस्पर्धी है; तो फिर सट्टा माफिया को कैसे पता रहता है कि क्या होने वाला है; कब कौन टीम कैसे खेलने वाली है, क्योंकर वे ऑड्स को अपने पक्ष में संचालित कर पाते हैं, इस प्रकार कि ज्यादातर सट्टेबाज अधिकतर हारते रहें? **सच्चाई अक्सर हमारे सामने स्पष्ट होती है, अपनी आँखों पर पड़े कई पर्दों की वजह से हम उसे देख नहीं पाते। ये पर्दे दुष्ट ताकतों द्वारा यत्न पूर्वक, हमारे अनजाने, लगातार खड़े किये जाते हैं, और मजबूत किये जाते हैं।**

यहां फिर से सावधान करूँगा। यह हमेशा नहीं होता है कि आप निश्चित रूप से, या लगभग निश्चित रूप से, ऑड्स और/या उनकी गति से अनुमान लगा सकते हैं। माफिया कई बार ऑड्स द्वारा भी झांसा देते हैं, उन्हें ऐसा करना ही होगा। लेकिन कभी-कभी आप निश्चित रूप से समझ सकते हैं और जान सकते हैं। कई बार, संदेश उन लोगों के लिए बिल्कुल स्पष्ट होता है जो खुद को ऑड्स और उनकी गति को पढ़ने के लिए प्रशिक्षित करते हैं। अपनी क्षमता के अनुसार जोखिम उठाते हुए ऐसे अवसरों का सर्वोत्तम उपयोग करें। यह भी **हमेशा याद रखें, चाहे आप कितने भी आश्वस्त हों, आप दांव लगाते समय पैसे को जोखिम में डाल रहे होते हैं।**

बिना ज्यादा सोचे समझे दांव लगाने पर भी हार या जीत की 50-50 या बराबर की सम्भावना होती है, अगर दो ही परिणाम संभव हैं। कोई जोखिम ले

कर यों ही दांव लगा सकता है। वह जीत सकता है या हार सकता है। लेकिन दुर्भाग्यवश, ऐसे अधिकांश सट्टेबाज अंततः हारते ही हैं। ऐसा इसलिए होता है क्यूंकि अनजाने वे विभिन्न तरीकों से माफिया द्वारा हारने वाले दांव लगाने के लिए प्रेरित होते हैं, या यों कहिये कि उनसे ऐसे दांव लगवाए जाते हैं। सट्टेबाजों को लगेगा कि वे सूझ बूझ कर सही दांव लगा रहे हैं, लेकिन सूक्ष्म तरीके से उन्हें सुझाया गया होता है कि वे क्या दांव लगाएं।

ऑड्स को पढ़ने और सही ढंग से पढ़ने का सबसे कठिन पहलू है, अन्यथा खाली दिमाग होना, किसी भी कारण पैदा हुई किसी भी पूर्व-कल्पित धारणाओं से मुक्त होना। यह होगा ही कि विभिन्न मैचों का अनुसरण करने वाले दिमाग में कई धारणाएं बन जाएं। यह खिलाड़ियों की क्षमता/प्रतिष्ठा/कद, टीमों और खिलाड़ियों के हाल के और पिछले प्रदर्शन, मीडिया में/ टिप्पणीकारों आदि द्वारा निर्मित प्रचार, सट्टेबाजों के अपने झुकाव और तर्कों के परिणामस्वरूप होता है - बचाव करने वाली टीम जीतेगी या पीछा करने वाली टीम जीत जाएगी, और इसी तरह के अन्य विचारों पर आधारित। ऑड्स और उनके मूवमेंट से कोई सही संदेश तभी प्राप्त कर सकता है जब वह अन्य सभी धारणाओं को भूलकर केवल ऑड्स को पढ़े। कठिन होते हुए भी सचेत प्रयासों द्वारा ऐसा किया जा सकता है।

सावधान करने वाली एक और बात। यदि आप कभी-कभी कुछ सही ढंग से पढ़ने में सफल होते हैं, तो यह मत समझें कि हर बार ऐसा ही होगा। ऐसा कुछ हमेशा कभी नहीं होगा। माफिया इसे सुनिश्चित करेंगे, ताकि सट्टेबाजों के पास कभी भी जीत का कोई पक्का फॉर्मूला न हो, और उनके दिमाग में हमेशा भ्रम बना रहे। हालांकि, जो कुछ भी अधिक संभावना के साथ होना निश्चित है उसका लाभ उठाया जा सकता है, और उठाना होगा। इसका विपरीत भी लागू होता है, एक बार गलत होने का मतलब यह नहीं है कि उस प्रकार किया गया अनुमान हमेशा गलत होगा। मुझे यकीन है, अनुभव के साथ सट्टेबाज गुप्त/छिपे हुए संदेशों को पढ़ना शुरू कर देंगे, और अपना बहुत लाभ कर पाएंगे।

इन मैचों में अलग-अलग समय पर विपरीत टीमों के जीतने और मजबूत स्थिति में आने के बावजूद, CSK के लिए IPL-15 का 33वां मैच जीतने और GT द्वारा अंत में 35वां मैच जीतने में सामान्य क्या था? 33वें मैच में, CSK ज्यादातर समय के लिए पसंदीदा बना रहा, MI की पूरी पारी के दौरान, और अपनी पारी के कुछ हिस्से के लिए भी; इसी तरह 35वें मैच में, GT मैच के अधिकांश भाग में पसंदीदा बना रहा - अंत की ओर नाटकीय पतन से पहले

अपनी खुद की पारी के प्रमुख हिस्से में, और फिर KKR की इन्निंग्स में तीसरे ओवर में उनके द्वारा दूसरा विकेट जल्दी गंवाने के बाद। बराबर टीमों के बीच मैचों में, आईपीएल-15 में कई मैच ऐसे थे, जिनमें सट्टेबाजों की यह सामान्य प्रवृत्ति रहती है कि जो टीम जल्दी ही पसंदीदा आती है, उसे ले करें, किसी न किसी स्तर पर दूसरी टीम से प्रतिस्पर्द्धा की उम्मीद करते हुए और इसलिए लगाए गए दांव को जीतने या लाभ के लिए मिलने वाले ट्रेडिंग अवसरों का लाभ उठाने में सक्षम होने के लिए। इसलिए, अधिक अवधि के लिए जो टीम पसंदीदा बनी रहती है, इसके खिलाफ विभिन्न ऑड्स पर अधिक दांव लगाए जाते हैं। इस प्रकार सट्टेबाजी माफिया की समग्र बुक अधिक अवधि के लिए पसंदीदा बनी रहने वाली टीम के पक्ष में काफी भारी हो जाती है; यानी अगर वह टीम आखिरकार जीत जाती है तो माफिया को बहुत फायदा होता है। कुछ सट्टेबाज निश्चित रूप से व्यापारिक अवसरों का समय पर उपयोग करने में लाभ प्राप्त कर सकते हैं, लेकिन बहुमत निश्चित रूप से उस अवसर को किसी न किसी कारण से चूक जाते हैं और कुल मिलाकर अंत में हार जाते हैं।

इसलिए, ऐसे मैचों में, कोई उस अवसर की प्रतीक्षा कर सकता है जब ऑड्स बीच में या अंत में एक छोटी अवधि के लिए दूसरी टीम के अनुकूल हों, और उस समय उस टीम के खिलाफ दांव लगा सकता है। ज्यादातर कोई ऐसे दांव जीतेगा; इस तरह के दांव में लाभ/जोखिम का अनुपात भी एक से अधिक होता है, यानी जोखिम की राशि से अधिक रिटर्न।

लेकिन 24 अप्रैल, 2022 को खेले गए LSG और MI के बीच 37वें मैच में यह सिद्धांत काम नहीं आया। MI लगभग पूरी एलएसजी पारी और 10वें ओवर में रोहित शर्मा का विकेट गिरने तक MI इनिंग के पहले हाफ में पसंदीदा रहा। और फिर भी LSG जीत गया। यहां कुछ बातों पर विचार करना होगा। किसी को भी अन्य महत्त्वपूर्ण / बताने वाले पहलुओं की दृष्टि नहीं खोनी चाहिए। इस मैच के लिए कमेंटेटरों और विशेषज्ञों द्वारा MI के पक्ष में काफी प्रचार किया गया था। प्रतियोगिता में जिंदा रहने के लिए MI के लिए यह मैच जीतना लगभग नितांत आवश्यक था। सोशल मीडिया पर टिपस्टर्स भी काफी हद तक MI के पक्ष में थे। इस प्रकार, इस मामले में, अधिकांश सट्टेबाज इसके विरुद्ध दांव लगाने की बजाय MI का समर्थन कर रहे होंगे। और इसलिए, MI का हारना इस मामले में माफिया के अनुकूल होता। हाँ, यह सिर्फ एक अनुमान है, लेकिन कुछ आधार है। और जैसा कि इस पुस्तक में बार-बार कहा गया है, निश्चित रूप से इस तरह के कुछ मैच होंगे। भले ही अंतिम परिणाम कभी-कभार माफिया की

बुक के अनुकूल न हो, इससे उन्हें कुल मिलाकर कोई खास फर्क नहीं पड़ता।

उपरोक्त LSG और MI के बीच मैच जैसे और भी मैच होते रहते हैं जब ज्यादातर समय के लिए फेवरिट रही टीम अंत में हार जाती है (आईपीएल-15 में ही 37वें मैच के बाद ऐसे बहुत से मैच हुए)। ज्यादातर ऐसा बहुत अचानक होगा जब किसी को ऐसी उम्मीद न हो, और ज्यादातर दांव अंत में हारने वाली टीम के पक्ष में लगे होंगे। ऐसे बहुत से मामलों में कमेंटेटरों द्वारा या अन्यथा भी हारने वाली टीम के पक्ष में बहुत प्रचार किया गया होता है।

हमेशा और लगातार कल्पना करनी चाहिए कि माफिया की बुक बनाम सभी सट्टेबाजों की सामूहिक बुक क्या होगी, और उसी के अनुसार दांव लगाएं। एक मैच में शामिल राशि को ध्यान में रखते हुए, माफिया लगभग सभी मैचों में अपनी जीत सुनिश्चित करेगा, किसी न किसी मैच के माध्यम से अधिकांश सट्टेबाजों को एकाध बार खुश महसूस करवाकर। यह स्वाभाविक है कि वे हर मैच में लाभ को अधिकतम करने और कुल मिलाकर अपने लाभ को अधिकतम करने के लिए अपने सभी साधनों का उपयोग करेंगे।

अनुभव के साथ, कठपुतली शो कब कैसे आगे बढ़ेगा, यह तय करने में कोई भी अधिकाधिक सही होगा। कठपुतलियों को नियंत्रित करने वाले किसी भी निश्चित पैटर्न की अनुमति नहीं दे सकते; उन्हें लगातार अपने पैटर्न को अदलना बदलना पड़ता है और समान दिखने वाली स्क्रिप्ट्स में भी सट्टेबाजों को भ्रमित करने के लिए सूक्ष्म परिवर्तन करते रहना पड़ता है, क्योंकि वे जानते हैं कि वे विश्व स्तर पर लाखों बुद्धिमान और अत्यधिक बुद्धिमान सट्टेबाजों के विरुद्ध कार्यरत हैं।

33वें मैच, 35वें मैच, 37वें मैच और उसके बाद के कुछ मैचों के उदाहरणों पर वापस आते हैं; कुछ मैचों के 37वें मैच के समान होने के बाद, अधिकांश मैचों को फिर से 33वें और 35वें मैच के पीछे जो ऑड्स/ऑड्स के मूवमेंट रहे, उसी सिद्धांत द्वारा नियंत्रित किया गया। **किसी को यह देखना होगा कि बड़े नमूने के आकार में क्या फिट बैठता है, यह भी समझना होगा कि क्यों।**

जब ऑड्स और उनके मूवमेंट जमीनी हकीकत को धता बताते हैं, तो सतर्क रहें। अधिकांशतः (हमेशा नहीं), मैच ऐसे आगे बढ़ेगा जैसा कि ऑड्स इंगित करते हैं, न कि जमीनी वास्तविकता के अनुसार क्रिकेट के हिसाब से जो इंगित होता है वैसे। जैसे आईपीएल -15 के 40वें मैच में GT को एक अंतर्राष्ट्रीय गेंदबाज द्वारा डाले गए आखिरी ओवर में 22 रन की आवश्यकता होती है, SRH

के पक्ष में लगभग 1.25 पर ऑड्स इस हिसाब से बहुत अधिक थे (सट्टेबाजों को इन उच्च ऑड्स पर SRH का समर्थन करने के लिए लालायित करने के लिए); और GT जीत गया।

सट्टेबाजों के लिए बेहद महत्त्वपूर्ण इस अध्याय के अंत में एक बार फिर; क्रिकेट और क्रिकेट पर सट्टे के महासागर में क्रिकेट और अपनी विभिन्न धारणाओं को भूलकर, बुकीज और माफिया द्वारा लगातार दिए जा रहे ऑड्स को पढ़ना और तदनुसार दांव लगाना ही क्रिकेट और सट्टा-माफिया को हराने और अपनी हार बचाने के लिए सबसे बड़ी कुंजी है।

जीतिए, अगर आपको क्रिकेट पर दांव लगाना ही है

इस पुस्तक का उद्देश्य किसी को सट्टा लगाने के लिए उकसाना नहीं है; बल्कि इसके विपरीत है। लेकिन जैसा कि हमने देखा है, क्रिकेट पर सट्टा तेजी से बढ़ रहा है और ऐसा ही चलते रहने की तीव्र संभावना है, इसके कम होने की बिल्कुल नहीं। लोग विभिन्न कारणों से जुआ खेलेंगे और क्रिकेट मैचों पर सट्टा लगाएंगे, उन्हें रोकने वाला कुछ नहीं। मेरे या किसी और के चाहने भर से क्रिकेट सट्टेबाजी दूर नहीं होने वाली। दस वर्षों के मेरे अथक प्रयासों का नतीजा भी सिफर रहा है; क्योंकि मेरे, एक साधारण आदमी के, सभी प्रयत्न एक अकल्पनीय रूप से शक्तिशाली माफिया और उसके पिट्ठू मीडिया और तमाम व्यवस्था के विरुद्ध रहे हैं। यदि ऐसा है, **तो सट्टेबाजों को जीतना ही चाहिए, धन को खोना और दुखी क्यों होना?** क्रिकेट मैचों पर सट्टा लगाने में इतना समय और ऊर्जा खर्च करने के बाद पैसा भी क्यों गंवाया जाए?

साथ ही, आपके द्वारा खोया गया पैसा दुनिया की दुष्ट ताकतों को मजबूत करता है जो हमेशा आपके और जनता के खिलाफ काम कर रही हैं। आप टेरर फंडिंग में योगदान दे रहे हैं - आतंक जो एक दिन आपको या आपके प्रियजनों को मार सकता है। जो बदमाश आपका पैसा लूट रहे हैं, वे इसका इस्तेमाल आपके खिलाफ कर सकते हैं और करेंगे, एक से अधिक तरीकों से। यही स्थिति है, चाहे आप इसकी थाह ले पाएं या नहीं, आप इसे समझ पा रहे हैं या नहीं।

यदि आप जीतना चाहते हैं, तो शर्त जीतने को, एक या दूसरे कारण से यथोचित, सुनिश्चित हुए बिना, अंधेरे में यूँ ही सट्टेबाजी न करें, बाध्यकारी सट्टेबाज न बनें। तभी दांव लगाएं जब आपके पास कुछ वास्तविक सुराग हो (पिछले अध्यायों से सीख के आधार पर)। लगातार आपके लिए बिछाए जा रहे जाल में फंसने से बचें। इस पुस्तक से आपने जो कुछ सीखा है, उसे ध्यान में रखें। इसे अपने अंदर डुबोएं कि आपको जीतना है और माफिया को हराना है। **आसान नहीं है, लेकिन आप इसे कर सकते हैं।**

आइए हम खुद को उस माफिया के कौशल और ताकत से एक बार फिर तरोताजा करें जिससे आप क्रिकेट मैचों पर दांव लगाते समय द्वंद्व कर रहे होते

हैं। मैं आपको सीधे 21 अप्रैल, 2022 को खेले गए CSK और MI के बीच आईपीएल-15 के 33 वें मैच के आखिरी ओवर में ले जाता हूं। CSK को जीतने के लिए 6 गेंदों में 17 रनों की आवश्यकता थी, बहुत कठिन काम, हालांकि असंभव नहीं। उन्होंने पहली गेंद पर एक विकेट खो दिया, अब 5 गेंदों में 17 रन की आवश्यकता है, हालांकि असंभव नहीं है लेकिन हासिल करने की संभावना और बहुत कम हो गयी है, और हर सट्टेबाज ऐसा ही सोचेगा।

यहां क्रिकेट की मूल बातें भी समझनी चाहिए। तुलनात्मक रूप से गेंदबाज की स्थिति ज्यादा मजबूत होती है; बल्लेबाज का कोई भी प्रदर्शन इस बात पर निर्भर करता है कि उसे किस प्रकार की गेंद मिलती है। यह गेंदबाज और क्षेत्ररक्षण पक्ष है जो हमेशा रन प्रवाह को नियंत्रित कर सकता है, खासकर क्योंकि किसी भी बल्लेबाज के मजबूत और कमजोर बिंदु विपरीत टीमों को आजकल अच्छी तरह से मालूम होते हैं। गेंदबाज पूरी तरह से स्वतंत्र है और यह उसके नियंत्रण में है कि वह कैसी गेंदबाजी करता है। यह भी ध्यान में रखें कि हम जिन गेंदबाजों को एक्शन में देखते हैं वे अत्यधिक प्रतिभाशाली, सक्षम और प्रशिक्षित गेंदबाज हैं। वे अत्यधिक अभ्यास किये हुए होते हैं। गली या क्लब स्तर के गेंदबाजों के साथ उनकी तुलना करने की गलती न करें जो आप आम तौर पर देख सकते हैं। ये गेंदबाज निश्चित रूप से अपनी पसंद या निर्णय के अनुसार गेंदबाजी कर सकते हैं, गेंद को ठीक वहां फेंक सकते हैं जैसे वे चाहते हैं, 100 में से 90 बार, यदि अधिक नहीं।

अब CSK बनाम MI मैच में वापस आते हैं, CSK को 4 गेंदों पर 16 रन चाहिए थे, और धोनी स्ट्राइक पर थे। जो लोग क्रिकेट को अच्छी तरह से समझते हैं, वे आपको बताएंगे कि कोई भी पेशेवर क्षेत्ररक्षण पक्ष इस स्कोर का बचाव कर सकता है, यदि वह हारना नहीं चाहता है। चार गेंदों में से पहली गेंद स्लॉट में थी (कमेंटेटर के शब्दों के अनुसार), धोनी ने आसानी से एक छक्का लगाया। अगली गेंद धीमी बाउंसर थी जो गलत हो गई और मास्टर बल्लेबाज द्वारा फाइन लेग के ऊपर से बहुत ही चतुराई से एक चौका लगा दिया गया (फिर से कमेंटेटर के कुछ शब्दों में)। अगली गेंद पर दो रन बने। अब आखिरी गेंद पर ठीक 4 रन चाहिए थे।

उनादकट ने इस बार लेग स्टंप पर लो फुल टॉस फेंका, जबकि स्क्वायर लेग बाउंड्री पर कोई क्षेत्ररक्षक नहीं था। गेंद आसानी से खाली क्षेत्र के अंदर से एक चौके के लिए फ्लिक कर दी गई, और मैच सीएसके द्वारा असंभव प्रतीत होने

वाली स्थिति से जीत लिया गया। जैसा कि कमेंटेटरों ने बताया, निर्दोष और भोले भाले दर्शकों ने सुपर हीरो एम एस धोनी द्वारा मास्टर प्रदर्शन की जय-जयकार की। भविष्य के कई प्रसारणों में, इसे अत्यधिक जानकार टीकाकारों द्वारा दोहराया जाना था। किसी ने इशारा नहीं किया या यह नहीं बताया कि सीएसके को उनके विरोधियों ने कैसे जीत दिलाई, जिनका नेतृत्व और किसी ने नहीं, भारतीय कप्तान रोहित शर्मा ने किया। यद्यपि, परिणामस्वरूप, MI 7 मैचों के बाद भी जीरो अंकों पर रहे! उस आखिरी गेंद के माध्यम से, लगभग 50 बिलियन डॉलर (और भी अधिक हो सकता है) के दांवों के भाग्य का फैसला किया गया था!

तो, फिक्सिंग कहाँ और कब हुई? क्या उस आखिरी गेंद से पहले अचानक ऐसा हो गया? या आखिरी 4 गेंदों से पहले? या आखिरी ओवर से पहले? क्या किसी बुकी या माफिया ने अचानक उनादकट को खरीद लिया? कब? आखिरी ओवर करने के लिए चुने जाने के बाद? कोई कैसे कर सकता है? यदि नहीं, तो कोई उनादकट के साथ पहले से कैसे डील कर सकता था, क्योंकि उनादकट को भी नहीं पता हो सकता था कि वह आखिरी ओवर में गेंदबाजी करेगा। उनादकट को मालूम नहीं था जब तक कि कप्तान ने उन्हें ऐसा करने के लिए नहीं बुलाया। और अगर उनादकट और रोहित शर्मा अचानक एक मैच हारने के लिए आपस में मिल गए और माफिया द्वारा खरीद लिए गए, तो सभी कोच, टीम प्रबंधन, BCCI, उनके भ्रष्टाचार विरोधी सेल और अधिकारी, पूरी क्रिकेट दुनिया चुप क्यों रहे? अनुभवी टीकाकार और पत्रकार क्योंकर नहीं समझ पाए कि क्या हो रहा था और वे दर्शकों और जनता को बेवकूफ क्यों बनाते रहे?

क्या आखिरी गेंद या आखिरी ओवर की स्क्रिप्टिंग के लिए जरूरी नहीं है कि तब तक की हर चीज भी स्क्रिप्टेड हो? **क्या किसी कहानी का केवल अंतिम पैरा बिना शेष कहानी लिखे ही लिखा जा सकता है?** सरल, मेरे प्रिय वाटसन! हा-हा

यदि आपको आवश्यकता महसूस हो तो आप थोड़ा और सोच सकते हैं और वास्तविकता को अधिक स्पष्ट रूप से देख सकते हैं। बुमराह ने विकेट लेने के लिए अपना खतरनाक यॉर्कर क्यों नहीं फेंका, जबकि उसका एक विकेट उसकी टीम के पक्ष में मैच को सील कर सकता था? इसने उन कमेंटेटरों का ध्यान आकर्षित क्यों नहीं किया जिन्होंने धोनी की महारत को CSK की जीत का श्रेय देने का फैसला किया, जबकि यह केवल विपरीत टीम द्वारा उदारता का परिणाम था? MI ने जानबूझकर ऐसा मैच क्यों गंवाया जिससे वे कप की दौड़

से ही बाहर हो गए? और उसी धोनी की वही महारत, बाद के मैचों में अचानक कहाँ लुप्त हो गयी?

मैंने ऊपर पाठकों की समझ को ताजा करने के लिए केवल एक झलक दी है कि वे कितने शक्तिशाली माफिया का मुकाबला कर रहे हैं। यह एकबारगी होने वाला कुछ नहीं था; क्रिकेट के नाम पर तमाशा हो या ड्रामा या कठपुतली शो, यह लगातार हो रहा है। आखिरी ओवरों में हास्यास्पद नाटक, कभी-कभी बहुत स्पष्ट होते हैं, बिना गेंद दर गेंद स्क्रिप्टिंग के ऐसा होना संभव नहीं है; और गेंद दर गेंद स्क्रिप्टिंग (और तदनुसार निष्पादन) शो में शामिल सभी या लगभग सभी लोगों की मिलीभगत के बिना संभव नहीं है, मैदान पर या ऑफ-फील्ड, इस धोखाधड़ी का एक हिस्सा होने के नाते – शायद कोई विशेषण इसकी विशालता और गहराई को पूरी तरह से व्यक्त नहीं कर सकता है।

टीम चयन, खिलाड़ियों की क्षमताओं और प्रदर्शन, क्रिकेट या क्रिकेट मैचों के बारे में कोई भी बात, क्रिकेट पर लिखी गई किताबें या लेख, सभी अनिवार्य रूप से अर्थहीन, व्यर्थ और बेकार हो जाते हैं। वास्तविकता विभिन्न कारणों से हमारे दिमाग को कितनी ही असंभव क्यों न लगे! दुनिया भर में क्रिकेट पर अधिकांश प्रसारण और लेखन, लाखों युवा मन को लुभाने और इसके लिए आकर्षित करने के लिए अभूतपूर्व व्यवसायिक विज्ञापन, सभी को प्रत्यक्ष और अप्रत्यक्ष रूप से इस माफिया द्वारा नियंत्रित किया जाना जरूरी है। दुनिया भर में क्रिकेट की सट्टेबाजी को नियंत्रित करने वाले माफिया की ताकत ऐसी है!

भारत के सर्वोच्च न्यायालय को वर्षों पहले एक लिखित याचिका के माध्यम से मेरे द्वारा चुनौती दी गई थी, कि मैं ऐसे किसी भी मैच की रिकॉर्डिंग से, प्रतिष्ठित क्रिकेट विशेषज्ञों की किसी भी जूरी के समक्ष साबित कर सकता हूं कि प्रतिस्पर्धी या प्राकृतिक क्रिकेट के सभी ढोंगों के बावजूद, क्रिकेट पूरी तरह से संस्थागत रूप से स्क्रिप्टेड और फिक्स था। कई वर्षों से न तो इस चुनौती को स्वीकार किया गया है और न ही इसका कोई विरोध हुआ है। **आज वो सब बेमानी हो चुका है; महाकाय ॅफ्रॉड बिल्कुल खुल्लम खुल्ला है ('खुल्लम खुल्ला प्यार करेंगे हम दोनों, इस दुनिया से नहीं डरेंगे हम दोनों' गाने की तर्ज पर), लेकिन दुनिया और दुनिया भर के सट्टेबाज अभी भी अँधेरे में हैं! घोर आश्चर्य, लेकिन सत्य!**

न्यायपालिका अपने निर्णयों के माध्यम से या अन्यथा दुनिया को लगातार उपदेश देती रहती है, स्वयं जानबूझकर गहरी नींद में है, ऐसी विशाल धोखाधड़ी की अनुमति देते हुए जिसमें प्रति दिन दसियों बिलियन डॉलर की राशि शामिल होती है जो तेजी से और अधिक बढ़ रही है!

माफिया की ताकत की आगे और कल्पना करें। न केवल देशों के सर्वोच्च न्यायालय, बल्कि पूरा वैश्विक मीडिया और राष्ट्रीय सरकारें भी इसके अधीन रहे हैं, आज तक किसी ने एक उंगली भी नहीं हिलाई, बावजूद इसके कि मेरी वर्षों पहले लिखी गई किताबें सार्वजनिक हैं, और उनकी सामग्री क्रिकेट और खेल की दुनिया से संबंधित कुछ उच्च प्रतिष्ठित व्यक्तियों द्वारा भी, जिन्होंने जानने का प्रयत्न किया, सही पाई और घोषित की गयी है!

और कॉरपोरेट जगत का क्या? भारत के दो सबसे बड़े कॉरपोरेट रिलायंस और टाटा आईपीएल नामक धोखाधड़ी से सीधे जुड़े हुए हैं। रिलायंस सालों से एक आईपीएल टीम का मालिक है और आईपीएल-15 टाटा समूह द्वारा प्रायोजित है। टाटा को बड़े पैमाने पर सार्वजनिक धारणा में ईमानदारी का प्रतीक माना जाता है। उन्होंने अपना नाम पृथ्वी पर सबसे बड़े कपटपूर्ण, विशाल आयोजनों में से एक को दिया है। ऐसी है सट्टा माफिया और पैसे की ताकत। कोई आश्चर्य नहीं, आम जनता, अपनी आजीविका के लिए कॉर्पोरेट जगत या सरकारों पर निर्भर रहने के कारण, खुले विश्वासघात और धोखाधड़ी को खुशी से स्वीकार करते हुए चुप रहती है। फिर भी, वही लोग छोटी-छोटी बातों के बारे में बातें करना जारी रखते हैं और खुद को हर समय महत्त्वहीन बकवास में उलझाए रहते हैं, बड़े पैमाने पर दुष्ट मीडिया द्वारा रिमोट-नियंत्रित, जानते हुए या अनजाने में।

और अब आप सीख रहे हैं कि कैसे इतने शक्तिशाली माफिया को उसके ही खेल में हराना है, उसके खेल को जानकर और समझकर!

क्रिकेट मैचों या इंटरनेट पर लाइव प्रसारण के दौरान चल रही टिप्पणियां और विशेषज्ञ टिप्पणियां आवश्यक हैं और धोखाधड़ी को छिपाने के लिए और जनता और पंटर्स को समान रूप से मूर्ख बनाने के लिए उपयोग की जाती हैं। यह कैसे किया जाता है इसके बारे में मैंने पहले कुछ उदाहरण दिए हैं। इसके ऐसे जारी रहने की पूरी संभावना है। आप जो भी सुनते हैं या सुन सकते हैं, उसे उत्सुक दिमाग से सुनें। प्रतीत होने में अहानिकर टिप्पणियों के माध्यम से, कमेंटेटर लगातार और सूक्ष्म रूप से आपके दिमाग में मैच की कुछ संभावित प्रगति रोपित करते हैं ताकि आप तदनुसार सत्र या मैच के परिणाम पर दांव लगा सकें, और ज्यादातर इसके विपरीत होगा। समझें कि वे सूक्ष्मता से क्या करना चाहते हैं, वे आपसे क्या चाहते हैं, और इसके विपरीत दांव लगाएं, सत्र में या मैच के परिणाम में, ज्यादातर बार जीतने के लिए। इसे ज्यादा मत करें, पढ़ने के लिए/समझने के लिए कुछ भी न होने पर भी जबरदस्ती पढ़ने/समझने की कोशिश न करें।

मैं यहां एक और छोटा सा लेकिन सार्थक उदाहरण देता हूं। आईपीएल-15 के मैचों में से एक में, मैच की शुरुआत में, किसी और ने नहीं, हर्षा भोगले ने, पावरप्ले के ओवरों में अपनी टिप्पणियों के माध्यम से उच्च स्कोरिंग का संकेत दिया। और निश्चित रूप से, उन ओवरों में स्कोरिंग अप्रत्याशित रूप से बहुत कम रही! इस छल को समझने वाला कोई भी इसका उपयोग सत्र और ब्रैकेट बेट के माध्यम से उन 6 ओवरों में अच्छी तरह से जीतने के लिए कर सकता था।

जब हम सत्र की बात कर रहे हैं तो, जितना हो सके, सत्रों पर दांव लगाने से बचें। कुछ निश्चित सा संकेत मिलने पर आप कभी-कभी ब्रैकेट सट्टेबाजी के साथ अपनी किस्मत आजमा सकते हैं। कई सट्टेबाज सत्रों पर दांव लगाना पसंद करते हैं, क्योंकि उस विशेष सत्र के समाप्त होते ही परिणाम प्राप्त हो जाता है, इसके अलावा भी सट्टेबाजों के अपने और कारण होते हैं, हो सकते हैं। लेकिन सत्रों में हारने की संभावना बहुत अधिक होती है, क्योंकि सत्रों में अधिक आसानी से और अचानक से हेरफेर किया जा सकता है, मैच के परिणाम को वही रखते हुए, और साथ ही माफिया द्वारा सत्रों में हारने वाले दांव लगाने के लिए अधिक आसानी से बेवकूफ बनाया जा सकता है/ जाल में फंसाया जा सकता है। एक मैच के परिणाम की स्क्रिप्टिंग के लिए कई अन्य विचार चलन में आते हैं, बहुत कुछ बातों का ख्याल रखना पड़ता है, लेकिन सत्रों में हेरफेर उन विचारों से स्वतंत्र हो कर किया जा सकता है। सट्टेबाजों को सत्र पर दांव की तुलना में मैच के परिणाम पर दांव लगाने में अधिक लचीलेपन और व्यापार की संभावना मिलती है। हालांकि, यदि कोई स्पष्ट सुराग है तो सत्र पर भी दांव लगाया जा सकता है।

टीकाकार/विशेषज्ञ सूक्ष्मता से और स्पष्ट रूप से/मुखर जो कुछ बताते हैं, उन दोनों में अंतर है। वे जो स्पष्ट रूप से बताते हैं वह कभी सही और कभी गलत होगा। एक सट्टेबाज के दृष्टिकोण से, यह कभी-कभी सही और गलत दोनों हो सकता है। यहां मैं इसका एक उदाहरण देता हूं। आईपीएल-15 या आईपीएल 2022 के 33वें मैच में, रवि शास्त्री पारी के ब्रेक के दौरान जोरदार तरीके से कह रहे थे कि MI द्वारा बनाया गया 155 का स्कोर काफी बचाव योग्य था। हालांकि अंत में इसका बचाव नहीं किया गया था, लेकिन अगर किसी सट्टेबाज ने रवि शास्त्री से संकेत लेते हुए CSK के विरुद्ध दांव लगाए होते, तो वह जीत सकता था अगर उसे दोनों तरफ से अपनी बुक प्लस बनाने की आदत होती, क्योंकि अंत में कम ऑड्स पर MI के विरुद्ध दांव लगाने के कई अवसर आये।

एक और दिलचस्प उदाहरण देता हूँ। आईपीएल–15 के मैच नंबर 58 में, कमेंटेटर बार–बार संकेत दे रहे थे कि DC कैसे अपने पिछले दो मैचों में स्कोर का पीछा करते हुए बुरी तरह से लड़खड़ा गया था। वे हमें जता रहे थे कि टॉस जीतकर DC द्वारा इस मैच में पीछा करने का फैसला शायद ठीक नहीं था। इसके बाद DC ने पहले विकेट के नुकसान के बाद उस समय बेहतर टीम RR के खिलाफ आराम से स्कोर का पीछा कर के एकतरफा मैच जीत लिया। DC द्वारा पहले के ओवरों में विकेट खोना और धीमी स्कोरिंग, डीसी समर्थकों के मन में डर पैदा करने के लिए काफी थे।

क्रिकेट मैचों पर सट्टा लगाते समय, दुनिया के लगभग सभी सट्टेबाज स्वाभाविक रूप से क्रिकेट पर दांव लगाते हैं। इसी में धोखा या झोल है। कोई प्रतिस्पर्धी क्रिकेट कभी नहीं खेला जाता, हालांकि क्रिकेट खेला जाता है। जब आप में क्रिकेट की भावना या सेंस यह कहती है कि फलां टीम को अभी जीतना चाहिए, तो अचानक अकथनीय क्रिकेट खेला जाने लगता है। एक अन्य उदाहरण के रूप में, आप 25 अप्रैल, 2022 को खेले गए PBSK के खिलाफ CSK के मैच को देख सकते हैं। CSK की पारी के 14वें ओवर के अंत में लगभग हारी हुई स्थिति से (फिर से CSK लक्ष्य का पीछा कर रहा था), 16वें ओवर के बाद अचानक CSK ने मैच में वापसी की, वहां से किसी भी क्रिकेट प्रशंसक को लगने लगा होगा कि अब CSK जीत जाएगा, खासकर पिछले मैच में बहुप्रचारित धोनी के कारनामों के बाद। लेकिन CSK ने गति को वैसे ही खो दिया जैसे उन्होंने उसे अचानक प्राप्त किया था; आखिरी ओवर शुरू होने से पहले ही CSK मैच लगभग हार चुका था। **'क्रिकेट' पर दांव लगाने वालों ने स्वयं को निस्सहाय पाया होगा।**

इस तरह के मैच लगातार हो रहे हैं, दुनिया भर में क्रिकेट के करोड़ों सट्टेबाज अपनी पूँजी गंवाते जा रहे हैं। नए बेटर्स शामिल होते हैं और कुछ समय बाद उनका भी वही हश्र होता है। सर्व–शक्तिशाली माफिया खरबों डॉलर कमा रहे हैं। यह सब समान है; चाहे लीग मैच हों या अंतर्राष्ट्रीय मैच, चाहे छोटी लीग हों या बड़ी लीग, चाहे कम रेटिंग वाली/रैंकिंग वाली टीमें हों या चैंपियन टीमें हों, चाहे महिला क्रिकेट हो या अंडर –19 क्रिकेट या दिग्गजों का क्रिकेट, चाहे मध्य पूर्व में टी –10 हो या ऑस्ट्रेलिया में टेस्ट मैच। **यह हर समय सिर्फ एक कठपुतली शो है।** शायद संजीव चावला कम शब्दों में इसका बेहतर वर्णन नहीं कर सकते थे: ***"कोई भी क्रिकेट मैच निष्पक्ष रूप से नहीं खेला जाता है"***

और "... सभी क्रिकेट मैच जो लोग देखते हैं, वे फिक्स होते हैं।" .. "एक बहुत बड़ा सिंडिकेट/अंडरवर्ल्ड माफिया सभी क्रिकेट खेलों को प्रभावित करता है।" ... "वह उन फिल्मों की तरह होते हैं जो पहले से ही किसी के द्वारा निर्देशित की जा रही हैं।"

बल्लेबाजों और गेंदबाजों के एक दिन रेड हॉट फॉर्म में होने और अगले दिन फॉर्म खोने जैसा कुछ नहीं होता, उनका फॉर्म इस प्रकार दैनिक रूप से या घंटों में बदलते रहने जैसा। बात सिर्फ यह होती है कि उन्हें किस भूमिका को निभाने के लिए निर्देशित किया जा रहा है। बल्लेबाज पहली गेंद पे डक आउट हो या सेंचुरी मारे, गेंदबाज हैट्रिक करे या ओवर में 20 से ज्यादा रन दे, सब कुछ उसी का परिणाम होता है।

तो, इससे क्या सबक मिलता है?

क्रिकेट पर दांव न लगाएं, अर्थात क्रिकेट मैचों को प्रतिस्पर्धी समझ कर कभी भी दांव न लगाएं। इसका सीधा सा कारण है कि सट्टेबाजों के लिए कहीं भी क्रिकेट नहीं खेला जाता है। ऑड्स को पढ़ें और ऑड्स पर बेट लगाएं। माफिया को आपको ऑड्स की पेशकश करनी होगी और मैच की प्रगति के साथ ऑड्स को बदलना होगा। उन्हें आपको बेवकूफ बनाना होगा और आपको इस प्रकार ऑड्स देंगे कि मैदान में शो देखते हुए आप उनके लिए फायदेमंद हो ऐसे दांव लगाएं। ऐसा तब तक होता रहेगा जब तक क्रिकेट सट्टेबाजी जारी रहेगी। जब आप कर सकते हैं तो अंतिम परिणाम जानने के लिए ऑड्स पढ़ें, और अपने लाभ के लिए ऑड्स की मूवमेंट का उपयोग करके बेट/दांव लगाएं। कभी-कभी, अंतिम परिणाम के बारे में सुनिश्चित होना आवश्यक नहीं भी हो सकता है, और मैच के परिणाम और ब्रैकेट सट्टेबाजी दोनों में, किसी भी परिणाम के बावजूद, दोनों पक्षों पर प्लस होने के लिए, केवल व्यापार के अवसरों का सही अनुमान लगा कर दांव लगाए जा सकते हैं।

माफिया के जाल में गिरने के बजाय, कल्पना करें कि वे लाखों सट्टेबाजों को बेवकूफ बनाने के लिए कैसे और क्या जाल बिछाएंगे, और उस कल्पना या परिदृश्य का उपयोग जीतने के लिए, एकमुश्त या ट्रेडिंग के माध्यम से, मैच के परिणाम पर या सत्रों में दांव लगाने के लिए करें। मैं एक और बहुत ही स्पष्ट उदाहरण देता हूं कि कैसे समझदार आंखें और दिमाग माफिया को हरा सकते हैं। 7 मई, 2022 को आईपीएल-15 के 52वें मैच में, पहले बल्लेबाजी करते हुए, PBKS ने निर्धारित 20 ओवरों में कुल 189 रन बनाए। इन्निंग्स के ब्रेक के दौरान, एक विशेषज्ञ ने यह भी कहा कि पीछा करने के लिए ये बहुत अधिक

रन थे। और फिर भी, इन्निंग्स के विराम के दौरान, ऑड्स RR के पक्ष में जाने लगे। जबकि सभी क्रिकेटिंग सेंस के अनुसार PBKS के पक्ष में दांव लगाना बनता था, ऑड्स मूवमेंट ने अन्यथा संकेत दिया। और RR ने किसी भी स्तर पर बिना किसी हिचकिचाहट के, आराम से कुल योग का पीछा किया। ऐसे उदाहरणों की भी कमी नहीं है।

मान लीजिए आपने एक बार कमेंट्री या ऑड्स से कुछ पढ़ा और वह सही निकला। जरूरी नहीं कि अगली बार भी यही बात सही हो। ऐसा हो भी सकता है और नहीं भी। सट्टेबाजी माफिया किसी के लिए भी बहुत चालाक हैं। यही कारण है कि अगर गंभीरता से सट्टेबाजी की जाती है, तो हमेशा बहुत सतर्क रहना होगा। अगर आप मौज-मस्ती के लिए दांव लगा रहे हैं, तो यह दूसरी बात है।

हां, जो आपकी समझदारी आपको बताती है उसे भूलना या अनदेखा करना, और केवल अन्य संकेतों के आधार पर दांव लगाना आसान नहीं है। लेकिन यह जरूरी है, अगर आप माफिया को हराना चाहते हैं। आपको अपनी क्रिकेट की समझ को पूरी तरह से भूल जाना होगा, या कम से कम यह सीखना होगा कि दांव लगाते समय उस पर भरोसा न करें। बल्कि क्रिकेट की भावना के खिलाफ सट्टा लगाना ज्यादा बार फायदेमंद हो सकता है।

सट्टेबाजी उद्योग/माफिया की एक बहुत ही प्रासंगिक मजबूरी है जिसका सट्टेबाज उपयोग कर सकते हैं। माफिया को समय-समय पर मैचों को किसी टीम या ड्रॉ के पक्ष में कम ऑड्स से उलटना पड़ता है। बार-बार होने वाले टर्न अराउंड को उन्हें अपनी स्क्रिप्ट्स में डालना पड़ता है। क्योंकि अन्यथा, पंटर्स बड़ी मात्रा में कम ऑड्स के समर्थन में दांव लगा कर बड़ी रकम जीतना जारी रख सकते हैं। इसलिए, सट्टेबाजों के लिए इस तरह के टर्न-अराउंड की तलाश में रहना और ट्रेडिंग के माध्यम से लाभ उठाना अधिक फायदेमंद हो सकता है। ऐसा करने से, कोई कम जोखिम के साथ अधिक जीत सकता है, हालांकि करामात इस तरह के दांव को सही समय पर लगाने में निहित होती है। पंटर्स समग्र रूप से लाभ प्राप्त कर सकते हैं, भले ही वे कभी-कभी गलत हो जाएँ लेकिन अन्य समय में उपलब्ध लाभ को भुना लें, और अधिक जीतने के लालच में न पड़ें। **ध्यान रहे, ज्यादातर टर्नअराउंड तब होंगे जब विभिन्न कारणों से आप उन की बहुत कम उम्मीद कर रहे होंगे या बिल्कुल असंभव मान रहे होंगे।**

जब भी संभव हो ऑड्स का लाभ उठाएं; यह कभी न सोचें कि निश्चित रूप से जीतने की स्थिति में या बहुत मजबूत स्थिति में एक टीम हमेशा या

अधिकतर सीधे वहां से जीतेगी (यदि ऐसा समापन ओवरों में नहीं है)। समापन ओवरों में स्पष्ट जीत की स्थिति में होने पर अधिकतर टीमें जीतती हैं।

अब मैं एक उदाहरण देता हूं जो ऊपर का पैरा लिखने के बाद मेरे संज्ञान में आया। मैं यह उदाहरण देता हूं क्योंकि यह न केवल उपरोक्त को अच्छी तरह से दिखाता है, बल्कि इस पुस्तक में बहुत कुछ जो कहा गया है, या शायद जो पूरी मूल बात है, उसे ताजा भी करता है (कहना 'और मजबूत करता है' शायद गलत होगा; किसी भी संदेह से परे पहले से स्थापित किसी चीज को और मजबूत करना बेमानी हो जाता है)।

यह LSG और RCB के बीच आईपीएल-15 का एलिमिनेटर मैच है, जो ईडन गार्डन, कोलकाता में 25/05/2022 को खेला गया था। एक मैच जिसे महान प्रतिष्ठा का विषय माना जाता है, दोनों टीमों के लिए करो या मरो की लड़ाई! LSG जीत के लिए 208 रनों के लक्ष्य का पीछा कर रहा था, और 13 ओवर के बाद 109/2 के साथ दौड़ में कहीं नहीं था या बहुत पीछे था, शेष केवल 7 ओवरों में 99 और रनों की आवश्यकता थी। उस समय RCB के पक्ष में ऑड्स 1.2 के आसपास मँडरा रहे थे। तब तक ऑड्स और ऑड्स का मूवमेंट लगातार RCB की जीत का संकेत दे रहे थे, जो RCB को बैक करने के लिए ऑड्स को पढ़कर बेटिंग करने के लिए पर्याप्त था। या तो क्रिकेट और क्रिकेट सट्टेबाजी को नियंत्रित करने वाले माफिया यह अच्छी तरह से जानते थे कि मैच की स्थिति को देखते हुए अधिकांश पंटर्स कैसे दांव लगाते हैं; या माफिया की समग्र बुक ने उन्हें दिखाया कि तब तक RCB के समर्थन में बहुत सारे दांव लगाए गए थे। फिर RCB के समर्थकों को डराने का सिलसिला शुरू हो गया (जो कुछ भी हो रहा था वह साथ-साथ सत्र के हेरफेर को प्रबंधित करने के लिए भी हो रहा था)।

पिछले 7 ओवरों में बिना कोई विकेट खोए (पहले 6 ओवरों में 62/2 के मुकाबले) केवल 47 रन बनाने के बाद, LSG ने अगले 4 ओवर में 16/0, 18/1 (यहां 15 ओवर का सत्र समाप्त हुआ), 10/0 और 14/0 का स्कोर बनाया; इस प्रकार 17 ओवर के अंत में 167/3। कोई कहेगा कि समय की आवश्यकता के अनुसार यह सब बिल्कुल स्वाभाविक था, और मैं इसे दिखने में ऐसा मानने से गुरेज भी नहीं करूंगा। लेकिन निश्चित रूप से, पहले जो हो रहा था और बाद में जो हुआ वह स्वाभाविक नहीं था। साथ ही, 14वें से 17वें ओवरों के दौरान फेंकी गई गेंदों और आउट होने के लिए जो शॉट खेला गया, उससे किसी भी

समझदार और सूक्ष्मदर्शी को यह संकेत मिलना चाहिए कि स्वाभाविक रूप से कुछ भी नहीं हो रहा था!

अगले ओवर में कुछ बहुत अप्रत्याशित हुआ। RCB के लिए हर्षल पटेल बहुत अच्छी गेंदबाजी कर रहे थे, उन्होंने तब तक 2 ओवर में केवल 8 रन दिए थे। उन्होंने 18वें ओवर की गेंदबाजी शुरू की, और पहली दो वाइड गेंदों में कुल 6 रन दे दिए, एलएसजी को 3 ओवरों में अब केवल 35 रनों की आवश्यकता थी (केवल एक दिन पहले पीछा करने वाली टीम ने उसी मैदान पर, 17 ओवरों के बाद मैच जीतने के लिए 2.3 ओवरों में 36 रन बनाए थे)। यह RCB के कट्टर समर्थकों को भी डराने के लिए और उन्हें कवर के लिए दौड़ाने के लिए (LSG के पक्ष में दांव लगवाने के लिए) पर्याप्त था। अब पंटर्स को LSG के पक्ष में या समर्थन में दांव लगाने के लिए मजबूर होना ही पड़ा होगा। तब हाथ में 7 विकेट के साथ LSG द्वारा अकथनीय बल्लेबाजी के माध्यम से फिर से पासा पलट दिया गया। उन्होंने 18वें से 20वें ओवरों में क्रमशः 2/1, 9/2, और 9/0 का स्कोर बनाया, खुशी-खुशी मैच हार कर टूर्नामेंट से बाहर हो गए। LSG बल्लेबाजों द्वारा खेले गए शॉट्स (स्टोइनिस और लुईस जैसे खूंखार हिटर उनमें से हैं) को आउट होने के लिए या लक्ष्य से काफी पीछे रहने के लिए गेंद को इधर-उधर करने के लिए देखने से किसी को भी और अच्छी तरह सब समझ आएगा। बहुसंख्य सट्टेबाजों का खेल खत्म हुआ ही होगा - जो सारे ड्रामे का असली मकसद था!

यह उदाहरण बताता है कि किस प्रकार अंतिम परिणाम वही हुआ जैसाकि मैच के अधिकांश भाग में ऑड्स बता रहे थे (ऐसा हमेशा नहीं हो सकता है; फिर दोहराता हूँ - हमेशा किसी विशेष तरीके/पैटर्न से कुछ भी नहीं होता है), और कोई कैसे ऑड्स की भाषा में विश्वास करके और उपयुक्त समय पर ट्रेडिंग कर के लाभान्वित हो सकता है।

उपरोक्त उदाहरण सभी कुछ बताता है: कैसे जाल बिछाए जाते हैं, सट्टेबाजों को कैसे कपड़े धोने की मशीन में कपड़ों की तरह घूमने के लिए और गलती करने के लिए मानो मजबूर किया जाता है, ऑड्स की भाषा, क्रिकेट का मजाक- फेंकी गई गेंदों और खेले गए शॉट्स से भी साफ नजर आता (खुली आँखों वालों के लिए)- और सत्रों में हेरफेर आदि। बुद्धिमान पाठक इस को और बेहतर समझेंगे।

दोहराने के लिए, क्रिकेट स्क्रिप्टिंग और सट्टेबाजी एक महासागर है। लेकिन मुझे यकीन है कि यह पुस्तक उस महासागर में पर्याप्त अंतर्दृष्टि प्रदान करती

है, जो अभी भी दुनिया भर के अधिकांश सट्टेबाजों के लिए ज्यादातर अज्ञात है। ये अंतर्दृष्टि, और स्पष्ट रूप से क्या करें और क्या न करें, पाठकों को एक लम्बे समय तक मदद करेंगे। **वे अब हारना बंद कर सकते हैं और धीरे-धीरे लेकिन निश्चित रूप से जीतना शुरू कर सकते हैं।**

इस पुस्तक को एक से अधिक बार पढ़ें, प्रत्येक सन्देश को अपने आप में गहराई से उतरने दें। इस पुस्तक के प्रकाशन के बाद, सट्टेबाजी माफिया यहां या वहां अपने तरीकों में कुछ बदलाव कर सकते हैं, लेकिन उनकी सीमाएं और मूल तत्व नहीं बदल सकते। सट्टेबाजों की सफलता इस बात पर निर्भर करेगी कि (क) अच्छी तरह से समझें कि क्या चीज क्या है और (ख) जो सीखा समझा है उसका उचित कार्यान्वयन करें।

यह भी अब एक पूर्व निष्कर्ष है, पर्याप्त से अधिक रिकॉर्ड और सबसे बढ़कर समय द्वारा सत्यापित, कि कार्यपालिका, न्यायपालिका, विधायिका और मीडिया- लोकतंत्र के सभी स्तंभ- और मानवता के किसी भी अन्य स्तंभ को- क्रिकेट और क्रिकेट सट्टेबाजी पर शक्तिशाली माफिया के पूर्ण नियंत्रण से कोई परेशानी या शिकायत नहीं है। **इस आत्मघाती व्यवस्था को बनाए रखने और इसका समर्थन करने के लिए गहरी जड़ें जमाये अंतर्निहित मानव पाखंड और मूर्खता हमेशा रहेंगे। सब कुछ यूं ही चलता रहेगा।**

इसलिए माफिया के तौर तरीकों का अध्ययन करें और समझें कि वे कब क्या और क्यों करते हैं, जितना अधिक आप कर सकते हैं, और कम से कम दांव लगाएं। समग्र वास्तविकता और ढाँचे या रूपरेखा की सीमारेखा में कोई स्क्रिप्ट को समझने और जानने के नए नए तरीके निकाल सकता है। सोच समझ कर और चयन करके ही दांव लगाएं, जब आप अपेक्षाकृत निश्चित महसूस करें। तब भी आप गलत भी हो सकते हैं, यह हमेशा ध्यान रखें। जितना ज्यादा आप दांव लगाएंगे, उतनी ज्यादा आपके गलत होने की सम्भावना होगी। माफिया यह सुनिश्चित करेगा। वे जो पूरे सट्टा व्यवसाय और पूरी क्रिकेट की दुनिया को एक साथ नियंत्रित करते हैं, उन्हें अच्छी तरह मालूम है कि यह कैसे सुनिश्चित किया जा सकता है।

आईपीएल, 2022 या आईपीएल-15 के तुरंत बाद वाइटैलिटी ब्लास्ट, इंग्लैंड की आईपीएल प्रकार की वार्षिक क्रिकेट लीग, जिसमें आईपीएल से अधिक भाग लेने वाली टीमें और अधिक कुल मैचों की संख्या थी, शुरू हुआ। आईपीएल मैचों की स्क्रिप्टिंग के माध्यम से आईपीएल-15 के समाप्त होने तक सट्टेबाजों या

पंटर्स को ट्रेडिंग के अवसरों की तलाश में रहने की आदत डालने के बाद, उसी माफिया ने वाइटैलिटी ब्लास्ट में ज्यादातर एकतरफा मैच स्क्रिप्ट करने आरम्भ कर दिए। इसलिए, वे अलग-थलग मैचों की स्क्रिप्टिंग नहीं करते हैं, बल्कि लंबे समय के लिए कई टूर्नामेंटों में मैचों की स्क्रिप्टिंग को सट्टेबाजी उद्योग या माफिया द्वारा सोचा और नियोजित किया जाता है, माफिया जो पूरी तरह से क्रिकेट को नियंत्रित करता है- आम आदमी ऐसे मैचों और ऐसी क्रिकेट के बारे में इतना रोमांचित और चिंतित महसूस करता है (https://www.freepressjournal.in/viral/not-getting-married-till-rcb-wins-woman-holds-placard-at-stadium-during-ipl-match)- सट्टेबाजों को बेवकूफ बनाना, फंसाना और लूटना जारी रखने के लिए।

अपनी सट्टेबाजी का आनंद लें- सस्पेंस, रोमांच और सर्वशक्तिमान माफिया के साथ अपनी लड़ाई का आनंद लें- और जीतें। यानी अगर आपके पास अतिरिक्त पैसा है, खाली समय है, और अगर आपको दांव लगाना ही है तो। क्योंकि निश्चिंत रहें, यह एक बहुत ही असमान लड़ाई है; हर समय तमाम नियंत्रण (पूरा कन्ट्रोल) उनके (माफिया के) पास है - सट्टा उद्योग और मैदान में चल रहे ड्रामा या शो, दोनों पर। लड़ाई लड़ते समय आपको अपनी तमाम बुद्धि और विवेक की आवश्यकता होगी। इसलिए, यथासंभव युद्ध के मैदान में प्रवेश करने से बचें, लेकिन यदि आप अन्यथा निर्णय लेते हैं, तो आपको विजेता बनना होगा। आप भी यही चाहेंगे!

बेस्ट ऑफ लक, अनंत शुभकामनाएं!!